平凡社新書
1076

AIを美学する

なぜ人工知能は「不気味」なのか

吉岡洋
YOSHIOKA HIROSHI

HEIBONSHA

ＡＩを美学する●目次

図版作成　丸山図芸社

イラスト　阿部由布子

まえがき

本書の論点をひとことで言うとすれば、人工知能とは人間にとって他者ではなく、いわば人間自身の姿を映し出す「鏡」のような存在である、ということになるだろう。AIは、人間のライバルではない。AIを勝手にライバルに仕立て上げているのは、もっぱら人間の方であって、AI自身は人間と競争しようなんて夢にも思っていない。

そのかわりAIは人間に向かって、人間自身もよく知らなかった人間性の一面を、ありありと映し出して見せてくれる。それはこれまでの文明史においてなかったことで、とても面白い。けれども一方では、人間は鏡の中のおのれの姿を見て、脂を絞り取られる蝦蟇《がま》のように狼狽《うろた》えている、というような側面もある。

タイトルの「美学する」は、聞きなれない言い方かもしれない（美学を専門とする私自身も使ったことがない）。けれど、日本語サ変動詞の柔軟性を活かして「科学する」「哲学する」と言えるなら、「美学する」も可能ではないだろうか。美学するとはどういうことか。それはひとことで言うなら、対象が「何であるか」ではなく、それを「どう感じるか」について、注意深く考えることである。「感じる」ことについて「考える」なんて、ふつうやらないかもしれないが、そこが美学のポイントなのである。

「どう感じるか」だったら学問ではなく、それってたんなる感想じゃないか、と訝る人もいるだろう。たしかに人工知能からすれば、人間の発話なんてすべて感想にみえるのかもしれない。しかし感想だとしても、すべてが「たんなる」ではない。ひとくちに感想と言っても、どうでもいい条件反射的反応もあれば、注意深い思索や反省を経た所感もあるからだ。美学とは言ってみれば、感想を言葉によって鍛えてゆく訓練なのである。

若い読者の中には、ChatGPTのような、大規模言語モデルに基づく現代の生成系ＡＩだけが人工知能だと思っている人もいるかもしれない。しかし第一章でも触れている通り、人工知能にまつわる歴史は意外に長く、ＡＩも苦労してきたのである。電子計算機という装置によって実現された人工知能だけでも、八〇年近い歴史を持つ。さらに、知能を持つ人工物や機械という空想やアイデアまで含めると、古代まで遡ることができる。ほとんど文明や技術的思考そのものの歴史と重なると言っても過言ではない。

ＡＩについて考えるとは、テクノロジーについて考えることである。哲学的観点からは、テクノロジーそのものよりも、テクノロジーに深く影響された私たちの思考、文化、世界観について考察することの方が重要である。それは専門家に任せておけばいい事柄ではなく、現代世界に生きる私たちすべてにとっての問題なのである。科学とは本来権威ではなく、自由な思考にほかならない。自由な思考は、自由なおしゃべりとして現れる。だが技術が高度化するにつれて、私たちはそうした自由を失ってゆくようだ。本書がわずかでもそれを取り戻す一助となれば幸いである。

第一章　幽霊《ゴースト》はどこにいる——AIをめぐる、別な語り《ナラティブ》

私たちにとってAIとは何なのか?

　本書の目的は、ＡＩそれ自体について論じることではない。ＡＩの最先端の状況を紹介したり、それに関係する問題点について議論したり、将来の発展や社会に及ぼす変化を予測したりすることは、私の仕事ではない。私はＡＩの開発に携わっている技術者ではなく美学・哲学の研究者である。最初は一八世紀ヨーロッパの哲学を学び、一九九〇年代以降はメディアやテクノロジーの思想的な意味について考えてきた。過去三〇年間、人工知能についても関心を持ってきたことは確かだが、かならずしもこの分野の最新動向について敏感に察知しているというわけではない。ＡＩは今後どんなことができるようになるのか、それによって世界はどう激変するのか、また自分の仕事にどう活用できるのかといったことが手っ取り早く知りたい読者にとっては、この本はあまり役に立たないかもしれない。そういう方はどうか他の解説書を手に取っていただきたい。

　それではいったいなぜ、私はＡＩについての本なんて書こうとしているのだろうか。それは率直に言うと、今日ＡＩについて世間で騒がれているような語り方とは、違う語り方をしてみたいと思ったからなのである。哲学を含む人文学の研究者の多くは、人間性を中心にものを考えるので、人工知能を含む最新テクノロジーに対して疑いの目で見る人も多い。けれども私は子供の時からテクノロジー、とりわけ人工知能的なものが大好きで、常に少なからぬ興味を抱いてきた。にもかかわらず現代の一般的なＡＩ論の多くは、正直なところ私にとってあんまり面白くない。世の中の動向についてゆくためには知る必要があるのかもしれないが、読んでいて退屈なのである。人類文明に革命的変化をもたらすテクノロジーとして、一方では社会変革やビジネスにＡＩをいち早く応用する競争に人を煽りたてるかと思うと、他方ではＡＩがこれまでの教育や文化の価値を根本から揺るがすとか、著作権に関わる問題を引き起こすとか、はては創造活動においても人間を凌駕し人間の存在理由そのものを脅かす、といった危機が語られる。より実際的な危険としては、監視社会・管理社会を途方もなく強化し、また戦争やテロに応用されることによって想像を絶する破壊をもたらす可能性など、ＡＩの持つ暗黒面についても枚挙にいとまがない。

奇妙なことに私たち人間は、未来はバラ色の希望に満ちているというお話よりも、世界はまもなく終わるというカタストロフの物語に、より強く惹きつけられる傾向を持っている。だからＡＩによるディストピアを描いた評論、物語、映画などはよく売れるのである。よく売れるということは儲かるということだから、たくさんの人がそうしたものを作ろうとするのは無理もない。しかしユートピアにせよディストピアにせよ、そうした語り方に共通する特徴は、何というか、気持ちに余裕がないということである。とにかくみんなで「今は非常事態だ、何とかしなければ！」と叫び合っているように聞こえる。そして、この動向についてゆかないと大変なことになるゾ、という脅しをかけ合っている。けれども私にとって、非常事態を理由に他人を動かそうとする類いの語りは基本的に信用できないし、そもそも聴いていてしんどいだけなのである。こうしたしんどさから一歩身を退いて、正気を取り戻し、ＡＩについてもっとリラックスした態度で考えてみることはできないものだろうか？　それが本書を書いている主要な動機である。

遊びとしてのテクノロジー

太宰治の『人間失格』の冒頭、「第一の手記」の最初のところに、語り手が子供の頃抱いた世界観についてのちょっと面白い記述がある。私は太宰のファンではないし特にこの作品は正直あまり好きではない（それにしては何度も読んでいる）のだけれど、この箇所だけは、初めてそれを読んだ中学生の時からとても強く印象に残っている。

自分は停車場のブリッジを、上って、降りて、そうしてそれが線路をまたぎ越えるために造られたものだという事には全然気づかず、ただそれは停車場の構内を外国の遊戯場みたいに、複雑に楽しく、ハイカラにするためにのみ、設備せられてあるものだとばかり思っていました。しかも、かなり永い間そう思っていたのです。ブリッジの上ったり降りたりは、自分にはむしろ、ずいぶん垢抜《あかぬ》けのした遊戯で、それは鉄道のサーヴィスの中でも、最も気のきいたサーヴィスの一つだと思っていたのですが、のちにそれはただ旅客が線路をまたぎ越えるための頗《すこぶ》る実利的な階段に過ぎないのを発見して、にわかに興が覚めました。

また、自分は子供の頃、絵本で地下鉄道というものを見て、これもやはり、実利的な必要から案出せられたものではなく、地上の車に乗るよりは、地下の車に乗ったほうが風がわりで面白い遊びだから、とばかり思っていました。

（太宰治『人間失格』、新潮文庫、二〇〇六年改版、九―一〇頁）

語り手は子供の頃、汽車駅の陸橋が線路を跨いで移動するための設備であることや、また地下鉄が交通上の必要性を満たすために作られた交通機関であるとは思っていなかった、陸橋はただ登ったり降りたりするのが遊園地みたいで楽しいから、また電車が地上を走るより地下を走った方が面白いから作られたのだと信じていた、というのである。どうしてこんなことが、あの「恥の多い生涯を送って来ました。」という有名な書き出しの後に記されているのだろうか。

この小説の文脈からすれば、それは語り手である主人公がこの世界に初めから不適応であったことを示す事例として語られたのだろう、と推測される。けれどもここには、作者のそうした意図とは独立した真実があるように思えるのである。すべてのテクノロジーは、たしかに何らかの必要性から生み出されたということができる。とりわけ、そのテクノロジーに投資することを正当化するためには、必要性や有用性に訴える説明が求められる。だが考えてみると「それがあると役に立つから汽車を発明した」というのはたんに後付けの説明ではないか。それが初めて作り出される現場では、たとえば蒸気の力で車輪を回して走る機械があったら面白いんじゃないか、という遊びの側面もたしかにあったのである。あったどころか、そうした関心が蒸気機関の開発をもっとも強く牽引してきたとすら言えるのではないか。人は必要性や有用性だけから何か新しいものを作り出したりしない。面白いから作るのである。

人工知能の場合もこれと同じだ。多くの場合、ＡＩの有用性や効果――ポジティブにせよネガティブにせよ――についての議論ばかりが目立って、その面白さ、「遊び」的な側面についてはあまり語られない。遊んでいる場合ではない、そんな気楽な話ではない、ということだろうか。しかし私はせっかくＡＩについて本を書く機会をいただいたので、ここでは思い切り気楽に面白く語ってみようと思う。面白くといっても、たんにふざけているつもりではない。この面白さは「哲学的」と言っても間違いではないが、ここでの「哲学」はどちらかというと、科学的認識を基礎づけたり生の無意味さを暴いたりするシリアスな近代哲学というより、詩や対話を通して我々自身の無知や愚かさを楽しみつつ共有する、古代ギリシア的な意味での「哲学」に近いだろう。

先ほど述べたように私はＡＩの専門家ではないが、現在のような大規模言語モデルに基づく生成系ＡＩが話題になるはるか以前から、人工的な知能と人間の精神や心との関係について、そうした哲学的視点から考察してきた。人間にとって人工的な知能、そもそも「ＡＩ的なるもの」とはどんな意味を持つのかについて、考えてきたのである。この「ＡＩ的なるもの」は、何世紀にもわたる人間の思考の営みの中に、また空想や物語を生み出す人間の想像力の中に、密かにずっと棲み続けてきた。この喩えを好まない人もいるかもしれないが、こうした「ＡＩ的なるもの」とは私たちの思考にとって、いわばウィルスのようなものである。ウィルスはかならずしも私たちの敵ではなく、そのほとんどは何ら害をもたらさない。私たちは身体に潜在する様々なウィルスと共生しており、ふだんはそれに気づかないが、ストレスや加齢による免疫の低下など、ある条件が与えられるとそれは顕在化し、何らかの症状を引き起こす。同じように私たちの思考に潜在する「ＡＩ的なるもの」も、情報テクノロジーの発達という特定の歴史的条件によって、現在たまたまある仕方で顕在化しているだけとも言える。その意味では、ＡＩというのはそれほど現代という時代に限られた主題ではないとも言えるのである。

哲学や美学が人工知能となんの関係があるのかと思う人もいるかもしれないが、実は意外に本質的な関わりを持っているのである。そのことは、本書を読んでいただければ理解してもらえるのではないかと期待する。ＡＩとは、文明の歴史にある時突然現れた異物ではない、ということだ。それはむしろ、文明を駆動してきた技術の論理それ自体に由来する存在なのである。その意味で、先述したようにＡＩが現実の機械として実現されるはるか以前から、「ＡＩ的なるもの」は文明の中にずっと潜在し続けてきたのである。そこからすれば本書の目的は、この「ＡＩ的なるもの」とは何なのかについて考えることだと言うことができる。そのためには哲学や美学によって問題に異なった文脈を与え、別な視点から理解することが役に立つのである。

ＡＩそれ自体について正しい知識を得ることが重要なのは言うまでもないが、コンピュータの専門家ではない私たちの多くにとって、ＡＩとはどんな意味を持つのかを考えることもまた重要なのである。情報技術にせよ医療にせよテクノロジーが高度化すればするほど、それを一般の人々が広く議論する場が必要とされる。特にネットには「素人は黙ってろ」という抑圧的な雰囲気が支配するようになり、そうなると私たちは、声の大きい一部の「専門家」や、その発言を不完全な仕方で伝えるマスコミの言いなりになってしまう。そうでなくとも、日々進歩する技術やその成果に目を眩まされ、それについてゆかないと時代に乗り遅れるのではないか、貴重なビジネスチャンスを取り逃がすのではないかといった不安に煽られる。その結果、自分たちにとって根本的な問題を忘れてしまうのである。

根本的な問題とは何か？　それは、私たちにとってそもそもＡＩとは何であるのかという問いである。こうした問いがなぜ重要かというと、ＡＩに限らず新たなテクノロジーが社会の中に入ってきた時、私たちはともするとそのテクノロジー自体に目を奪われ、それが何をもたらすのかに期待や不安を掻き立てられて、まるで催眠術にかかったように、何も考えられなくなってしまうからである。そうすると私たちは、次々に導入される新しい技術を用いて金儲けをしようとする人々の、思うがままに翻弄されてしまうことにもなる。AIは専門家だけの問題ではない。私たちがそれについてどう考え、どう対処するかということも重要な問題なのである。だがそうした問題を考える試みは、AIをめぐる現代の言説においてかならずしも十分とはいえない。

AIとは何かという問題と、AIは私たちにとってどんな意味を持つのかという問題との、いったいどこが違うのだろうかと疑問に思う人もいるかもしれない。実はこれら二つの問題は、はっきり異なっているのである。AIとは何かという問題は、もっぱらそれを供給し利用する側（科学者、開発者、企業家、etc.）にとって意味を持つ問いである。もちろんそうでない人も、AIとは何かについて関心を持つのは自由だが、かならずしも持たねばならないわけではない。二一世紀に生きているからといって、私たちはAIがそれ自体としてどんなものかなんて、知る義務はまったくないからである。それに対して、AIは私たちの仕事や生活に多大の影響を与える技術なのだから、私たちにとってAIとは何であるのかという問題は、誰にとっても重要である。私たちはそれを考える権利があり、必要もある。しかしながらこの権利や必要性は、それほどハッキリ自覚されているようには思えない。

何か新しい技術について語る時、その領域の専門家か素人かということを私たちは気にするが、それは実はあまり重要なことではない。テレビ番組などではよく、出演者を「〇〇の専門家」として紹介するが、それは大抵の場合番組を成り立たせるためであり、専門家の発言だからといって素直に受け入れる必要はない。現代では専門家と素人というのは、単純に対立しているわけではないからである。現代の科学技術は高度に専門化されているので、「専門家」と呼ばれる人のほとんどは、たんに特殊化された職業人である。自分が従事する領域以外についてはまったくの素人であることが多い。その意味では科学者といっても自然界に広く深い見識を持っているわけではなく、一般の人々とほとんど変わりがない。昔はそうではなかった。たとえばアイザック・ニュートンの時代には「科学者」という言葉はなく、ニュートンは科学者ではなくて「自然哲学者」であった。自然哲学者にとって研究とはいわば「人生」そのものであり、その目的は自然それ自体の秘密に迫ることである。それに対して現代の多くの科学者にとって、研究とはプロフェッション、つまり「仕事」である。それがプロフェッショナルということだ。だから仕事を終えて家に帰ればただの一市民なのである。あるテクノロジーの専門家も、仕事を離れている時にはふつうの人間としてそのテクノロジーを使う。テクノロジーが人間にとってどんな意味を持つのかという問いに関して、専門家が非専門家以上に正しい答えを持っているわけではないのである。

幽霊の現れ方

いきなり「幽霊」なんて言い出したので、驚かれたかもしれない。だがこれはAIであれ何であれ、私たちがものを考える時、ある対象それ自体が何であるかではなく、その対象が自分にとって何を意味するかという問いを探究するための、ヒントのつもりなのである。それは自分にとって何なのかという問いが立てられる時、私たちは対象に関してどんな態度をとっているだろうか。どんな対象であれ、それ自体について考えるのではなく、それが自分にとって持つ意味について考えるためには、対象をあまり間近に見すぎるのは正しい態度ではない。対象そのものに注意しすぎると、私たちはしばしば対象の力に魅入られてしまうからである。それを避けるにはいわば一歩退いて、リラックスした落ち着いた態度でいることが必要なのである。言い換えればその対象がそれ自体として何であるのかということではなく、それが私たちにとってどうみえるか、それがどんな「現れ」を示しているかに注目して考察するということである。この、それ自体ではなく「現れ」に注目するとはいったいどういうことだろうか。このことを少し注意深く考えてみたい。

幽霊は存在するのだろうか？　これは誰しも、一度は自分で考えたり耳にしたりしたことのある疑問ではないだろうか。特に小さな子供の頃には、夜一人でトイレに行けるようになるために、本気でこの問いに悩んだ経験を持つ人も少なくないのではないかと想像する（私もそうだった）。大人になってからでも、今の時代に幽霊なんているわけがない、バカバカしいと一蹴する（こうした言い方は「昔はもしかするといたかもしれない」ことを認めているようにも聞こえるのだが）人もいれば、いや私はたしかにこの目で見たと証言する人もいる。あなたはどうだろうか。いくら証拠らしいものを見せても幽霊が存在することを証明するのは難しいが、それが存在しないことを証明するのはもっと大変である。幽霊なんてそもそも科学的にナンセンスだと言う人がいるが、科学においては一般に何かが存在することを証明するよりもそれが存在しないことを証明する方がはるかに困難である。だから、幽霊がいる／いないという議論に巻き込まれると際限がないし、たぶん永遠に決着はつかないのかもしれない。それでは幽霊に関して確かなことは何一つ言えないのだろうか？　けっしてそんなことはない。

まず幽霊の存在／非存在が人々の関心を強く惹きつけるものとして現れていること――このことは否定できない事実である。そして、幽霊は自然現象のようにただ自分だけで現れたりはしないこともまた確かである。誰にも気づかれず一人でただ現れている幽霊なんて想像しにくいし、何だか滑稽である。つまり幽霊が出現するには何らかの理由があり、そして誰かに気づかれるために現れるということである。現れる目的はウラミをはらすためであったり、愛する人に再会するためであったり、生きている者に何かのメッセージを届けるためであったりする。さらに幽霊というものは、自分が幽霊であることに気づいてもらわないと、幽霊として現れたことにならない。日本の伝統的な幽霊のように、かならずしも足がなかったり半透明であったりする特徴を持つ必要はないが、最後まで人間とまったく区別のつかない幽霊は、幽霊ではない。こうした幽霊の「現れ」に伴う幾つかの条件は、幽霊が本当にいる／いないにかかわらず、確実なのである。だから幽霊がいるかいないかという議論とは別に、幽霊について意味ある仕方で語ることは可能なのだ。

AIについても同様の態度で考察することができる。もちろん幽霊とは違って、「AI」と呼ばれる現実の何かが存在していることは確かである。その「何か」について知りたい方、つまりAIとはそもそもどんなテクノロジーであるのか、その最新の状況はどうなっているのかということは、先ほど述べたように本書の主題ではない。本書ではむしろ、AIそれ自体について知る代わりに、大騒ぎされているこのAIというものは私たちにとってどう現れているのか、どんな意味を持っているかに注目してみたいのである。言い換えればそれは、AIがどのように語られているかということに注目するということでもある。専門家が解説する時ですら、まったく客観的で中立的なデータを提供するだけということはほとんどない。解説とは、必然的に一種の「語り《ナラティブ》」という形をとる。たんなる情報の羅列では解説にならないのである。一般に「解説」と称するものの中には、読者を特定の方向に誘導する意図を持って事実を歪める言説――つまり「語り」ではなく「騙り《かた》」――も少なくない。しかしたとえ善良な啓蒙的意図を持った解説であっても、何らかの「語り」であることからは原理的に逃れられないのである。

AIをめぐる語り、人工知能の物語世界は、いってみればユートピアとディストピアという両極に張り巡らされた磁場の中を行ったり来たりしている。簡単に言えばそこには、AIは明るい未来を約束するのか、それとも人類を破滅へ導くのかという正反対の物語がある。もちろんその両極端の二者択一といった単純な話ではなくて、多くの場合はその中間のどこかに落とし所を見出す場合が多い。つまり、このまま放置すれば破壊的な影響があるけれども、人間が正しい使い方をすれば、あるいは必要な制限をかけて誘導すれば役立つ道具となる――そういったタイプの語りが多い。もっともこれはAIに限らず、産業革命期以来、テクノロジーをめぐる言説が共通に置かれてきた言説の環境でもある。新たなテクノロジーは、人類の運命を左右するという大掛かりな語りに結びつきやすい。しかし危険があるからといって封印することはできない。人類史において、破滅の危険があるからといって特定のテクノロジーを封印したなどということはこれまでになかった。これからもありえないと思う。

古代・中世においては、人類の運命を左右するのは人間と超越者（神）との関係であり、そのことは聖書のような語りによって示された。神の意図に対して人間はあまりに卑小で無力であり、自分から人類の運命を変更することなど不可能であり、もしもそんなことを企てたら――バベルの塔の建設のように――神に処罰された。近代においては、人類の運命に決定的な役割を果たすのは政治的改革や革命であり、そこではマルクス主義や自由主義経済のようなイデオロギーが決定的要因として歴史という物語の表舞台に現れてきた。だがそれも、二〇世紀末における冷戦の終結によって終止符を打たれた。それ以後の現代では、テクノロジーがそうした語りの主役に取って代わっている。だがこれは、たんに物

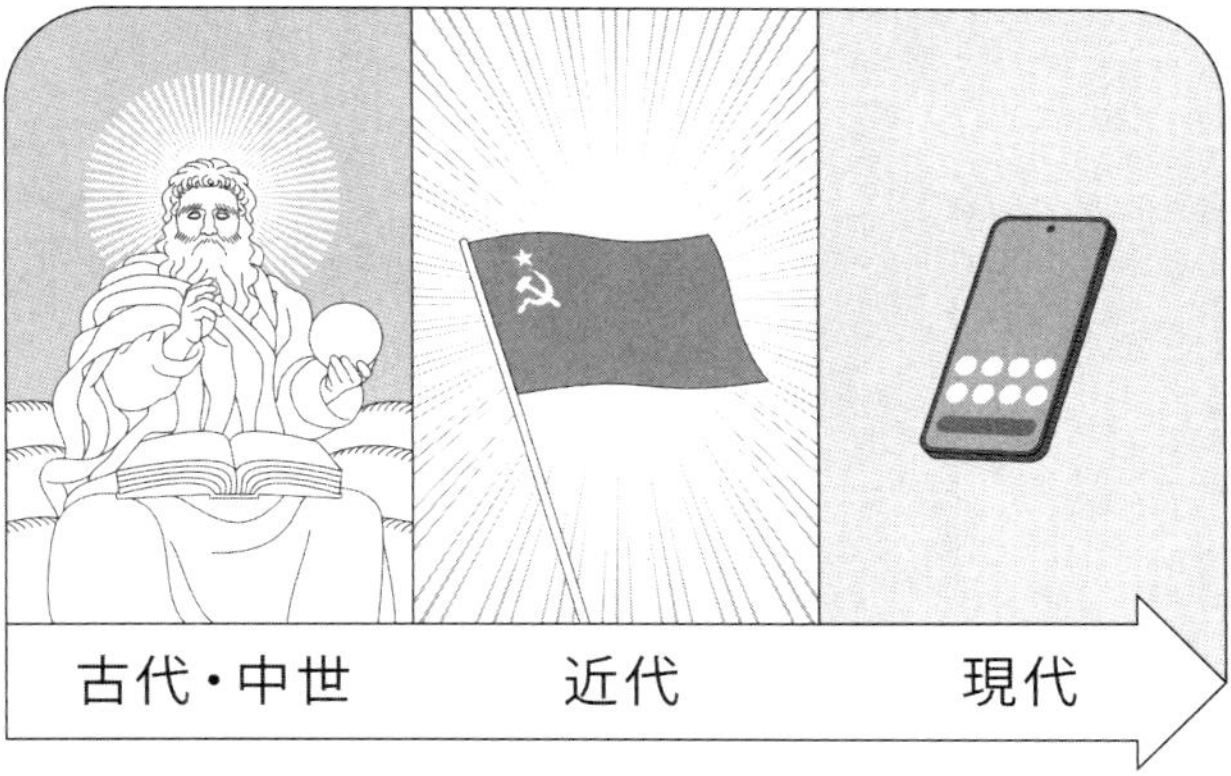

語の主人公のキャラが入れ替わっただけとも考えられる。ＡＩのような最新テクノロジーが人類を天国に導くか地獄に落とすかという物語は、一見新しくみえるかもしれないが、実は語りの枠組みそのものは非常に古いのである。神に対して犯した罪であれ、政治的イデオロギーの選択であれ、新たなテクノロジーであれ、何かが人類の運命を決定的に左右するという物語は変わっていない、ということだ。このことは別な角度から見ると、そうした物語の枠組みが残ってきたのは、それがきわめて強力だったからだということでもある。つまり私たちの多くは、今も昔も、何かが人類を繁栄させたり滅亡に導いたりというお話が大好きなのである（そしてどちらかというと、繁栄よりも滅亡の方が好きかもしれない。ＡＩに関してもその

ように思われる)。

それに対して本書で試みたいことは、そうした支配的な物語から、何とかして逃れる可能性を探求することである、と言えるだろう。ユートピアに踊らされず、ディストピアに脅かされず、誰もがＡＩについて楽しく語るにはどうすればいいのだろうか——そのことを模索するのが本書の目的である。

空想の中のＡＩ

さてＡＩ、「人工知能」とひとことで言っても、それが指し示すものは実に様々である。歴史を振り返ると、これまで非常に異なったテクノロジーが同じ「人工知能」という名前で呼ばれてきた。さらに、今ではほとんど使われなくなった言葉なのかもしれないが「電子頭脳」という呼び方もかつてよく使われていた。私が子供の頃（一九六〇年代）、少年雑誌などに掲載された近未来の想像図などでは、むしろ「電子頭脳」という呼び方の方がふつうであり、それは未来世界を空想する上で必須のアイテムだった。電子頭脳は、ほとんど未来の同義語であったとすら言っていいと思う。空想の中では、電子頭脳を備えたロボットは人間と同じように思考し、言葉を話し、繊細な感情を持つこともあった。そうした電子頭脳は多くの場合、その優れた能力とはうらはらに金属で作られた無骨でメカニカルな外見を持っていたのだけれども、その中で何が起こっているのか、どんな機械的作動が、人間に匹敵するような知的活動を可能にしているのかは、まったく不可解であった。未来SFに登場するロボットとはそういうものだという、暗黙の約束があったと思う。

映画『禁断の惑星』ポスター

私が生まれた一九五六年に公開されたアメリカ映画『禁断の惑星』に登場する「ロビー」などは、まさにその典型であった。ロビーは人間とまったく自然に会話し（といってもいわゆるロボットらしい話し方を人間の声優が演じていたわけだが）、人間の気持ちや意図も理解し、自分自身も感情を持っているかのように思える。だがそれがどのように実現されているのかは分からない。ロビーが思考している時には機械音がしたり火花が飛んだりランプが明滅したりする。人間とは似ても似つかないが、頭や胴体、手足に相当する部分があるという意味では、それは人間型の外見を有していた。そうした外見を通して、私たちはその奥に何らかの精神活動があることを想像するように促される。この時代のサイエンス・フィクションに登場する電子頭脳は、「科学」という装いは纏っているけれども、実際そこにあるのは何か現実離れした魔術的なものであったのかもしれない。とはいえ、それはいまだに私たちがロボットについて抱くステレオタイプに影響を与え続けている。ロボットというものはいまだにロビーの子孫だと言えるだろう。

この『禁断の惑星』から一二年後、一九六八年に公開されたスタンリー・キューブリックの映画『2001年宇宙の旅』に登場するコンピュータHAL9000は、はるかに洗練された人工知能であった。それは宇宙船と一体化したスーパーコンピュータであり、人間型《ヒューマノイド》ではない。その思考は機械的な動作としては表現されず、集積回路の中の電子的な過程であって、ランプが明滅したり機械音がしたりはしない。そもそもこの宇宙船ディスカバリーの中は不気味なほど静寂であり、その中に響くHAL9000の声も、それまでのいわゆるロボットらしい話し方ではなく、きわめて落ち着いた自然なアクセントである。

HAL9000は精神だけの存在なのだろうか？　たしかにそれは人間型ではないので一見身体を持たないようにみえるが、実はそうではない。宇宙船内の至るところに、コンピュータが視覚情報を得るためのカメラつまり「眼」があり、映画ではこの動かない眼が繰り返し映し出される。そのことによって、私たちはそれら「眼」の背後に、HAL9000の思考や感情を推測するように促されるのである。

映画中もっとも有名な場面の一つで、ボーマン船長は人間に反逆するHAL9000の活動を制限するために、高度な思考を司る基盤を一つずつ抜いてゆく。そのことに気づいたAIは彼の行動を制止しようとして「やめて」と懇願する。そして、「怖い」と言うのである。HAL9000はいったい何が「怖い」のだろうか？　それはこのAIが、みずからが意識を持ち思考する存在ではなくなること、つまり死ぬことが怖いと言っているように、観客には思えるのである。これがこの映画における人工知能の重要なポイントである。今日のAIは、SiriやAlexaにしてもChatGPTにしても、実存的な苦悩は一切持っていない。「私はただのプログラムですから」みたいなことを平気で言う。しかし私たちは、人工知能がもっと高度になればいつかHAL9000のように、自分の存在や死について配慮するような知性が生まれるのではないかという空想から、簡単に自由になることはできないのである。

ELIZAの誘惑

さてこれらはSFドラマの中に登場する人工知能なのであるが、それは同時代に現実に研究開発されつつあった人工知能と無関係ではない。一九五〇年代、六〇年代は人工知能研究のいわば黎明期である。そもそも「人工知能（Artificial Intelligence）」という言葉が生まれたのが、一九五六年に開催された「ダートマス夏期人工知能研究プロジェクト（Dartmouth Summer Research Project on Artificial Intelligence）」である。このワークショップは日本語ではしばしば「ダートマス会議」と呼ばれるが、「会議」というよりはワークショップのような催しであったらしい（正確には「ダートマス会議〈Dartmouth Conference〉」というのは一九六一年以降行われてきた米ソ間の核戦略に関する国際会議のことであって紛らわしい。英語では区別するためにAIの方の「ダートマス会議」はDartmouth Workshopと呼ばれる）。

一九六〇年代から七〇年代初頭にかけて研究されていた人工知能のイメージは、推論や探索といった知的処理を電子回路の中で実現することによって、機械を人間の知能が示す挙動に少しでも接近させようとするものであった。その目標としては、機械を「チューリングテスト」に合格させるということがある。「チューリングテスト」というのはコンピュータを作動させるための数学理論の基礎を築いたアラン・チューリング（一九一二―一九五四）が一九五〇年代に考案した、機械が知能を持つかどうかを客観的に判定するための試験のアイデアである。機械が知能を持つかどうかという問題を哲学的に解明しようとしても、そもそも知能とは何かという問題が容易に解決できないので困難である。そこでチューリングは、哲学的な議論は放棄することにした。その代わりに、機械と人間とを対話させてみて、相手が機械であるということを人間の側が見抜けなければ、その機械は人間に匹敵する知能を持ったと判定することにする。すばらしい着想であると思う。なぜならこれは工学的な課題設定であり、実現可能だからだ。

このアイデアの影響力は、予想以上に大きい。今日の私たちは、たとえチューリングの名前やチューリングテストという用語を知らなくても、現代の生成ＡＩを操作しながら知らず知らずのうちに、同じようなことを行なっているのである。ChatGPT を使って授業課題のレポートを提出した学生は、それが人間の判定者（先生）に見破られないかどうかをテストしているのである。そして多くの場合、見破ることは難しい。その場合は、ChatGPT はチューリングテストに合格したということになる（と同時にたぶん提出した学生もレポート試験に合格したことだろう。この場合唯一落第したのは、それを見抜けなかった判定者としての教師だけだ)。

一九六〇年代の電子計算機は、今日のように自然言語によるふつうのやりとりで人間を欺くことは容易ではなかった。しかし会話の状況を限定すれば、相手が機械であることを人間が見抜けないようなプログラムを作成することは可能であった。そのもっとも有名な成功例が、MITのジョセフ・ワイゼンバウム(一九二三—二〇〇八)が書いた自然言語処理プログラム「イライザ(ELIZA)」である。ワイゼンバウムは、対話の状況として心理療法のような場面を設定した。ふつうの日常会話と違って、セラピストと患者の対話という状況では、話題の中心は患者の抱えている心の問題となり、外の世界についての膨大で複雑な知識を必要としない。コンピュータがセラピストで、対話相手の人間が患者である。対話といっても音声ではなく、人間はキーボードを使って発話をタイプし、コンピュータはその答えを画面にテキストで出力する。それはたとえば次のようなものだ。

ELIZA:何か困ってることがありますか?
あなた:男ってみんな同じね。

ELIZA：どういうことでしょう?
あなた：何だかんだって、いつもうるさいのよ。
ELIZA：たとえばどんなことかしら?
あなた：そうね、ここ（つまりセラピー）に行けってカレ言うのよ。
ELIZA：カレがここに来るように言ったのは、あなたにとって重要なことですか?
あなた：私がずっと落ち込んでるって。
ELIZA：落ち込んでいるのはよくないですね。
あなた：たしかにね。私、不幸だわ。
ELIZA：どうして不幸なのか、聞かせてくれますか?

どうだろう。少なくともこの箇所を読んだかぎりでは、まったく自然なやりとりにみえるのではないだろうか。私がそれらしく訳しているのではないかと疑われるかもしれないが、原文も以下のように、そこそこ自然なやりとりなのである。

ELIZA: Is something troubling you?

You: Men are all alike.
ELIZA: What is the connection, do you suppose?
You: They're always bugging us about something or other.
ELIZA: Can you think of specific example?
You: Well, my boyfriend made me come here.
ELIZA: Is it important to you that he made you come here?
You: He says I'm depressed much of the time.
ELIZA: I am sorry to hear that you are depressed.
You: It's true. I am unhappy.
ELIZA: Can you explain what made you unhappy?

これらの会話を可能にしているのは、比較的限られたルールと「パターンマッチング」と呼ばれる手法である。ELIZAは、人間が行なった発話の中からあらかじめデータベースに登録されているキーワードを検出して、それが見つかると適当な反応を返す。では見つからない場合はどうするのか。右のやりとりの中では、ELIZAはもちろん「男ってみんな同じね」という発話の意味を人間（の女性）と同じように理解しているわけではない。この言葉を理解するには、世界についての膨大な知識が必要なはずである。そこで分からない場合は、「それはどういうことでしょう？」というふうに答えておく。人間同士の会話だって、相手がよく分からないことを言い出したら私たちはそんな答えをするのだから、これはごく自然な応答に聞こえる。一方たとえば「落ち込んでいる（depressed）」というような語を見つけると、それはデータベースの中で「よくないこと」と関連づけられているので、そのように返答する。すると人間は、相手が自分の言ったことをちゃんと理解してくれていると感じることになるのである。

機械に騙されたい人間

もちろんワイゼンバウムは、こんなプログラムを本気で「人工知能」だなんて思っていなかったし、ましてやそれが意識や心を持つなどと考えていたわけでもない。彼はどちらかというとELIZAというプログラムを一種のユーモア、冗談として作ったのだと思う。現代の私たちはSiriやAlexaのような対話型アシスタント、SNS上のチャットボットなどに慣れているので、ELIZAと人間とのそうしたやりとりを見ても、それほど驚くことはないかもしれない。実際、ELIZAはそうした「人工無脳」――面白いことにこれも頭文字をとるとＡＩ（Artificial Idiocy）なのだが――の起源とみなされている。ワイゼンバウムがELIZAの元ネタとして使ったのは、アメリカの心理学者カール・ロジャーズ（一九〇二―一九八七）が開発した「来談者中心療法（Client-Centered Therapy）」における「ロジャーズ式談話（Rogerian Argument）」である。それまでの心理療法は、心理学者のエライ先生が患者の話を聞いて、それを解釈したり意味づけたりするというのが基本的な考え方であった。それに対してロジャーズは、心理学者・セラピストではなくてむしろ「クライアント」の発話を中心に談話する方法を開発した。そもそも「患者」ではなく「クライアント」という呼び方を始めたのもこのロジャーズである。ELIZAとはまさに、そうした当時最先端の心理療法における会話をパロディ化した、一種のジョーク・プログラムだったのである。

にもかかわらず興味深い事実は、このプログラムがしばらく経った一九七〇年代に、多くの人々が操作できるBASICに移植されてアメリカで拡散した時、それを体験した人々がELIZAの仕組みを知っていながら、ELIZAとの対話に感情的に没頭してしまい、自分がキーボードによって対話しているプログラムの背後に人格（のようなもの）の存在を感じた、と報告していることである。いわば、人々は「知っていながら騙されていた」ということである。より最近でも、たとえばスパイク・ジョーンズ監督の映画『Her/世界でひとつの彼女』（二〇一三年）には、パソコンの対話型OSと恋に落ちる男が登場する。この場合も、彼は自分が対話しているのがプログラムにすぎないことは知っているのである。いったい、なぜこんなことが起こるのだろうか？　実はこのことは、AI的なものについて考える時に非常に重要なポイントではないかと思う。つまり私たち人間はタテマエとしては、何事においても騙されないように真実を見抜く判断力が大切だなどと言っているが、実のところは騙されるのが大好きではないのかということだ。それどころか人工知能に関しては、私たちはすすんで騙されようとしているようにすらみえるのである。

けれども知性や意識、感情を持つかのようにみえる存在としての「人工知能」とは、よくも悪しくも「虚構《フィクション》」の一種なのである。こんなことを言うと、夢がないとガッカリする人もいるかもしれないが、まさにこのことにガッカリするということ自体が、私たちがいかに強く騙されたいと望んでいるかということを証明しているとも言える。人工知能がどのような「演出」を通して私たちのもとに現れているかということを考えてみれば分かるだろう。人間と同じように意識を持つ機械といった虚構が成立するためには、何らかの演劇的な仕掛けが必要不可欠なのである。たとえば、『禁断の惑星』におけるロビーのようなロボットの人間型《ヒューマノイド》の筐体、また『2001年宇宙の旅』で常に観客を見つめるHAL9000の「眼」が、そうした演劇的な仕掛けの典型である。またELIZAの場合には、それが女性名であること、またその名前がギリシア神話で自分が作り出した美少女の像に恋をした「ピグマリオーン」、バーナード・ショーによる同名の戯曲、そしてそれを元にしたオードリー・ヘプバーン主演の映画『マイ・フェア・レディ』に繋がっていることも重要な演出的条件なのである。チェスや将棋でコンピュータが人間の名人と対戦するというのも、いわば演劇そのものだ。人工知能がそれまで人間同士がプレイしてきたボードゲームの問題を解く能力を実証するためだけなら、人間同士の対局と同じような舞台設定をする必要なんてまったくない。そこであたかも人間と機械とが対戦しているようにみえるのは、そうしたセッティングから来る効果に他ならないのである。さらに言えば、そもそも「人工知能」という呼び名そのものが、何か人間に挑戦する由々しき存在が現れた！と思わせるような、一種の「レトリック（修辞）」であるとすら言うことができるだろう。

レトリック（修辞）としての人工知能

ＡＩとは演劇的な効果であり、レトリックであるというのはいくら何でも言いすぎだと感じる人が多いかもしれない。それではまるで、ＡＩなど本当は存在しないと言っているかのように聞こえるからである。けれども落ち着いて考えてみると、人工知能は本当に存在するのか？という問いにはそれなりの意味がある。まったく素朴な疑問として、そもそも知能、インテリジェンスとは何かということが自明ではないのに、なぜ「人工的なインテリジェンス」について語ることができるのか？ということもある。そこから皮肉な言い方をすれば、人工知能が現実に存在しているようにみえるのは、「人工知能」という呼び名が使用されること（レトリック）の効果だとも言えるのである。だが、レトリックだからといってその背後には何の実体もないというわけではない。一般にレトリックとは、実質を伴わない美辞麗句といったものとして理解されている。ふつう、あまりいい意味では使われない。「あの政治家は巧妙なレトリックを用いて自分の過ちを言い繕った」などと言われる場合、その政治家の正しさはレトリックの見せる幻覚にすぎず、その背後には何もない。つまり私たちはたんに騙されているということになる。

けれどもレトリックとはかならずしも中身のない言葉の綾といったものではない。より本質的な意味においては、レトリックとは言語の基本的な働きとして理解することもできるのである。それはたとえば比喩の力だ。レトリックには言い回しや弁論術のような、言説を構成するテクニックという側面もあるが、比喩のような、言葉の意味そのものに関わる側面もある。比喩は取り外すことのできるただの飾りではなく、言葉の意味そのものを支えている。私たちの用いる自然言語は論理的思考を表現するための道具ではなくて、元々は音声的・韻文的な活動から進化してきた。つまり、人間が経験する対象や現象に合理的に対応する記号を付与した結果生まれたのではなくて、まず拍子を取って歌ったり語ったりすることを通して発達してきたということである。記号の合理的体系としての言語とは、いわばそれが高度に発達した「事後」から振り返って理解した時、初めてみえてくる側面である。それに対して自然な状態で言語を用いる時、私たちは比喩などのレトリックを通して世界の意味を知覚しているのであり、その意味で私たちはレトリックから自由になることは原理的に不可能なのである。

「人工知能」という言葉に即して言うならば、この「知能」という呼び名が比喩でありレトリックそのものである。私たちは機械のある動作に対してそれがあたかも「知能」を持っているようだ、と言っている。この場合、たしかに私たちは「知能」という比喩に惑わされているのだが、それはたんに騙されているわけではない。ELIZAの仕組みを知りつつそこに人格の存在を感じた人がいたように、ＡＩとは比喩であると知りつつこの名称の背後には人間にとって何か重要な問題が存在する、と私は感じる。そしてこれは、よく言われる「機械が心を持つか」とか「機械が人間に取って代わる」などといったジャーナリスティックな決まり文句とは、まったく次元の異なった問題なのだ。テクノロジー一般を疑いの眼で見る哲学者の中には、ＡＩなんてただの比喩であって本当は存在しないのだとタカを括《くく》るような人もいるかもしれないが、それでは何も面白くない。クソ真面目な人にとっては「面白くない」なんて主観的で無責任な言い方かもしれないが、美学的には何事も「面白い」ことが最重要なのである。本書の趣旨は、いわばテクノロジーをいかに楽しく語るかということである。そのためには、人工知能という言葉にすすんで（かつ必然的に）騙されつつ、それを面白がることなしには、考えることができないのである。

ＡＩも苦労してきた

こうしたことを踏まえた上で、ＡＩを擬人化して言い表してみると、かれこれ過去七〇年近くの間、私と同い年であるＡＩも、ずいぶん苦労してきたものだなあと思う。すでに述べたように、この言葉が生まれたのは一九五六年ダートマスのワークショップであった。

けれどもそこに始まる人工知能研究の流れが、そのまま順調に発展して現代の生成ＡＩに繋がったわけではない。一九七〇年代までの人工知能研究を主導してきたのは基本的に、機械の内部に何らかの仕方で表現される記号（シンボル）を論理的に処理することによって、人間と同じような推論を行なうシステムを実現するという目標であった。けれどもこれには、大きな困難が立ちはだかった。それは、どうやってコンピュータの中に、人間の精神に匹敵するような、世界についての複雑な知識を実装するのかという問題である。人間の知識は、明示的に符号化してゆくと気の遠くなるほど膨大で複雑だからである。ELIZAのようなプログラムが成功したのは、いわばこの難問をうまく避けて通ったからである。つまりそこでは、セラピストと患者の心の悩みについてのやりとりを中心にすることによって、世界について何かを描写したり判断したりする必要がなかった。皮肉な言い方をするなら、人がもっぱら自分の心について考える場合、世界についての知識なんてどうでもよくなってしまう。もっぱら心の問題にとらわれている時、人はまるで機械のように考えている、とも言えるだろう。

「世界についての知識」とはいったい何だろうか。何も哲学的に深遠なことを言っているわけではない。たとえば目の前にある何でもない対象、テーブルの上に置かれているコップについての知識を得るといった場合を考えてみればいい。人間ならコップが何であるかなんて、まだ言葉を完全に話せない子供でも知っているし、そもそもコップとは何かなんてふつうは考えたりすることもない。けれども機械にとってはこれが難題なのである。というのも機械にある対象をコップとして認識させるためには、まずその材質、大きさ、形等々を網羅的に定義することで、コップをコップ以外の対象から区別できるようにしてやらなければならない。コップは何をするものなのか。それは何らかの液体を飲むための道具だが、どんな液体ならコップに注いでいいのか、「飲む」とは人間にとってどんな意味を持つ行為なのか、さらにコップは飲む以外にも、手品の道具に使われたり、庭に咲いていた花を活けるために使われるかもしれない、等々。人間にとって意識もしないほど簡単にみえる判断や行為が、機械にとっては無限に近い計算を必要とする。ほんの簡単な課題を達成するために、世界に起こりうる出来事の無限の分岐に対処しなければならない――これが「フレーム問題」と呼ばれる難問である。

それでは人間や他の生物は、こんなに無限の分岐に満ちた世界の中で、どうやって様々な目的を達成できているのか。つまり生きた存在は、どうやって「フレーム問題」を解決しているのだろうか？　これはきわめて興味深い問題であるが、それはこの問いがいわば逆立ちした問いだからである。つまりそれは、生きた存在を機械と見立てた時にのみ生まれてくる問いだからである。実際には人間も他の生物も、フレーム問題を「解決」したりなどしていない。なぜなら、初めから環境に埋め込まれた身体を持つ生物にとっては、フレーム問題なんてそもそも存在しないからである。存在しない問題を解決する必要はない。けれども生物を機械を通して考えることで初めて、それでは生きた知能とは何かを新たな観点から見ることができるという点で、人工知能という観点はきわめて重要なのである。

このように、世界についての知識を実装させることができないという困難から、人間と同じように思考する汎用人工知能の研究は大きな壁にぶち当たって一時停滞したのだが、一九七〇年代に入ると再び一種のブームが到来した。それは「汎用」ということをあきらめて、人工知能の知識を何らかの専門的領域に限定すれば、ある程度の成功をおさめることが明らかになってきたからだ。つまり、ふつうの人間と同じような知能を目指すのではなくて、専門家の推論や判断を機械によって実現するという目標に方向を変えたのだ。「エキスパート・システム」と呼ばれる研究であり、一九八〇年代になると実用化も行なわれた。これも考えてみると面白いことである。私たちにとって「ふつうの人」であることは別に難しいことではなく、大学で学んだり職業的な訓練を受けたりして高度な「専門家」として振る舞えるようになることは、年月や努力を要する困難な目標である。けれども機械にとっては逆であって、専門家になることは比較的簡単で、むしろ「ふつうの人」と同じように考えることがきわめて難しいのである。ただ、このエキスパート・システムもその後順調に発展していったわけではなく、やはり壁にぶつかってしまった。それは、ＡＩはそれが必要とする専門的な知識を自律的に学習することができず、すべて人間が与えてやらなければならないからである。その知識が膨大で複雑なものであるほど、それをコンピュータに学習させることは、現実問題として限界があることが分かった。

こうした、記号の論理的処理に基づいた探索と推論という方向性と並行して、それとはまったく異なった研究も進行していた。それは神経回路網（ニューラルネットワーク）に関する研究開発である。現代の生成ＡＩからすると、どちらかというとこれの方がより密接に繋がる研究の流れなのであるが、面白いことにニューラルネットワークは当時「人工知能」という名前では呼ばれていなかったのである。荒っぽい言い方ではあるが、これら二つの研究の流れ――ニューロ系と記号論理系――が二〇〇〇年代以降に統合され、インターネットの発達によるデータ量の爆発的な増大と、コンピュータの処理速度の飛躍的な向上という条件下で可能になったのが、現代の私たちが「人工知能」と呼んでいるものである。だが「人工知能」という呼び名は、明らかに記号論理系の研究に由来するものだ。つまり、元々は探索と記号の論理処理に基づく自律的な知性の実現という目標を示すための比喩であった「人工知能」という語が、今ではすべてを覆ってしまったというような状況なのである。

「人工」とは何を意味するのか

さて、これまで「人工知能」という概念のうち、どちらかというと「知能」という部分に焦点を当てて考えてきた。すでに述べたように、そもそも知能とは何であるのか？という問題に対して、誰もが同意する決定的な答えがあるわけではない。とはいうものの、二〇世紀において支配的だった「知能」のイメージは、人間や他の生物が生きてゆく上で遭遇する様々な問題を解決するための情報処理能力のようなものをおよそ意味していた、ということは言えるだろう。そしてその能力は、神経系のような身体内部の特定の器官の作動として現れてくると考えられていた。そうした知能とはいわば、外界から基本的に独立した、頭蓋に守られた脳のようなものに帰属する何かとしてイメージされてきたわけである。その脳が周囲の世界についての知識を持ち、入力されたデータから計算を行なって反応を返す。そして知識が豊富で計算能力が優れているほど、知能は高いということになる。ふつうに「知能」と呼ばれているのは、まあそんなところではないだろうか。「ＩＱ（知能指数）」という（私から見ると）きわめて怪しげな、にもかかわらず影響力を持つ数値評価があるが、これもそうした知能イメージに従った概念である。

知能についてのこうした「古典的」な考えに従って、これまで人工知能もイメージされてきた。そこでは知能とはコンピュータのような機械とか、あるいはそれを内蔵したロボットの「中に」あるものとして想定されている。頭蓋の中に脳があるように、マシンの筐体の中に電子的頭脳があるのだから、その二つが互いに競合するというイメージも抱きやすかった。知能についてのこうした理解が、依然として私たち現代人にも影響を及ぼしていると思われる。それは私たちが、頭がいいことを脳のパフォーマンスが優れていることと同一視したり、誰それがＩＱが高いとか低いとか言って騒いでいることから明らかである。本書では後に、こうした「古い」知能イメージが、生成ＡＩが存在する現代においてはもはや決定的に無効となったことを示すつもりである。しかしここでは「知能」についての議論はしばらくおいて、その前に付いている「人工」という言葉について少し考えてみたい。人工（アーティフィシャル）とはそもそもどういう意味なのかという問題である。

人工とは人間が作った、自然にできたのではないという意味で、そんなの当たり前じゃないかと言われるかもしれない。しかし注意深く考えてみると、人工とは何を意味するのかはまったく自明ではないのである。それを根本から考えるためには、「アーティフィシャル」という語の根幹をなしている技術《アート》とは何なのかを知る必要がある。そしてアートが対立している（ようにみえる）「自然」とは何なのか、ということも考えてみなければならない。

何かが「人工的《アーティフィシャル》」であるとは、それが人間の技術《アート》の所産であるという意味である。だがそもそも技術とは、もっぱら人間だけに限られるものなのだろうか？　自然の技術というようなものは考えられないのだろうか？　自然、とりわけ生物の世界は、人間のテクノロジーなどいまだ遠く及ばないような、多様で精妙な形態や活動を実現しているではないか。自然にはたんに物理法則しかなくて、そこに高度な技術があるように思えるのは幻覚なのだろうか？

人工知能をめぐる哲学的思考は、潜在的にはこうした大きな問いに触れているのであるが、二一世紀の知的環境においては、そもそもこうした問いを適切に問うことが困難なのである。こうしたことを考えるためには、一見回り道のようにみえるかもしれないが時代を二〇〇年余り遡って、一八世紀末から一九世紀初頭の哲学、なかでもカントの『判断力批判』を振り返ってみることが、実際上はいちばん近道ではないかと私は考えるのである。そこで本章では最後に、ＡＩについて考えるためにカントの技術論を紹介してみたいと思う。

カント哲学の世界

「アート」という言葉は今日の日本語では、ファイン・アートつまり芸術を現代的な仕方で言い表す外来語として使用されることがほとんどである。けれどもここではそうした一般的な意味を少し離れて、アートという英語に本来含まれている歴史的な意味に戻って考えてみたい。アートという英語はラテン語の「アルス」に由来し、本来は技術や技芸、作法や物事のやり方といったきわめて広い意味を持つ概念である。アートは人為、つまり人間によってなされることではあるが、かならずしも自然と単純に対立しているわけではない。この点を理解することが重要である。

アートから作られる英語の形容詞に、「アーティフィシャル」と「アーティスティック」がある。「アーティフィシャル」には、自然にできたのではなく人間が作ったという単純な意味もあり、「ＡＩ」における「アーティフィシャル」とはそうした中立的な意味である。一方日常会話において「アーティフィシャル」という形容詞が使われると、中立的な意味の他にしばしば「ツクリモノの」「わざとらしい」といった意味を持ち、どちらかというとあまり好ましいニュアンスの言葉とは言えない。それに対して「アーティスティック」の方は「絵ごころがある」とか「芸術的な」「技の冴えた」「趣《おもむき》のある」など、概ねポジティブな意味で用いられることが多い。両方とも同じ技術《アート》という語を元にした言葉でありながら、この違いはいったいどこから生じるのだろうか？

美学の古典的文献とされるイマヌエル・カントの『判断力批判』という本では、この技術《アート》という概念が、学問的知識や「自然」との関係において、広い哲学的な視野において議論され、規定されている。もっとも原文はドイツ語で書かれているので、アートではなく「クンスト（Kunst）」という語なのであるが、今はあんまりこだわらないことにする。本書では哲学史の解説をすることが目的ではないので、技術についてのカントの考察の中から、私たちがＡＩについて哲学的に考えるために重要と思われる部分だけを、いくぶん単純化してしまうことを覚悟で抜き出しながら紹介してみよう。

技術は、「自然」から区別される。それは、「行為」が「作用」とは異なり、「作品（行為の産物)」がたんなる作用の結果とは異なるということだと、カントは述べる。この箇所を読む上でまず注意すべきことは、「自然」という言葉の持つ含意である。というのも「自然」という概念の意味は過去二世紀という時間の間に大きく変わっており、この変化がしばしば西洋の古典的な哲学テキストを読む時に邪魔になるからである。私たち現代人にとって、「自然」は過剰に美化されている。自然は現代人にとって好ましいもの、だが弱いもの、文明化の脅威に晒され、破壊から護るべき貴重なリソース、といった含意を持っている。「母なる自然」、帰るべき故郷といったイメージも持っている。だが自然のそうした意味は主としてカントの時代に続く一九世紀、ロマン主義以降の文化の中で作られたものである。それは同時に、産業革命が急速に進行し、人間生活が人工物に取り囲まれる環境へと変貌してゆく時代でもあった。現代の私たちの文化も依然としてその影響下にある。

しかしカントにとって自然とは、そうしたロマンチックな憧れの対象ではない。自然とはむしろ、物理法則に従ってひたすら作動する、巨大なメカニズムなのである。物理法則は、私たちが経験する世界の全体に及んでいるから、文明に対立する自然ばかりではなく、文明や人工物自体も、カント的な意味ではすべて自然の支配下にある。言い換えればそこ

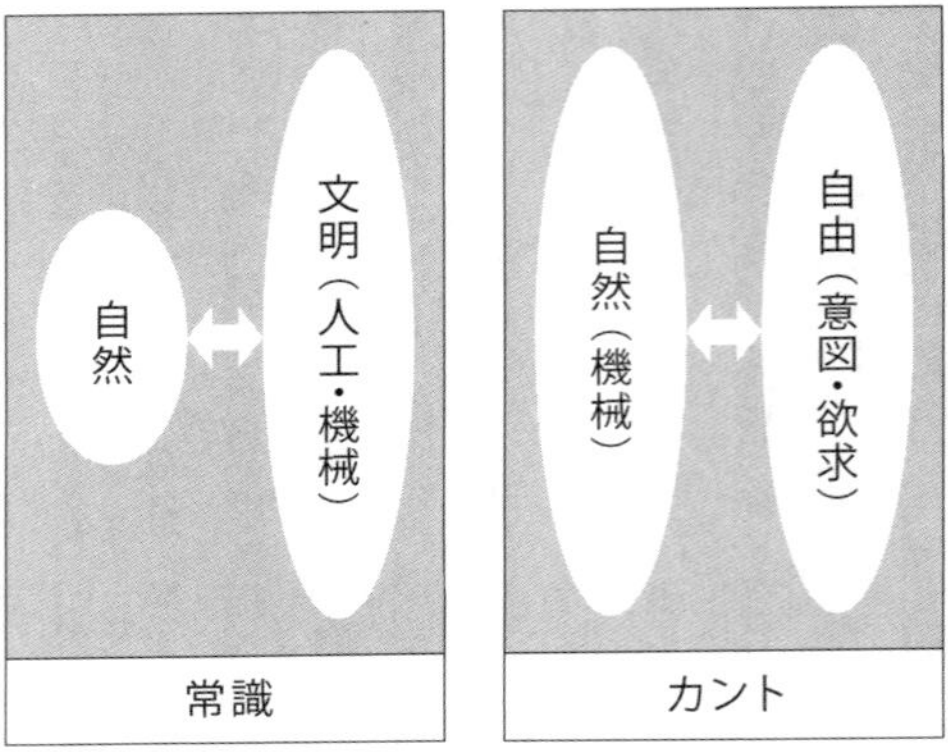

には、現代の私たちが常識としているような、自然と人工との対立というものはない。それを踏まえた上で、もしもカントが「人工知能」を知ったらどう考えるだろうかと想像してみるのは面白いだろう。現代人は「機械が心を持つか」といった問いに惹きつけられるが、おそらくカントにとってこの問いはまったく意味を持たないのではないか。機械であるかぎりにおいて――電子回路であろうが生きた神経細胞であろうが――心を持たないのは、定義上自明だからである。情報処理の複雑さがある閾値を超えると自己意識や感情を持つようになるというような現代的空想は、一種のオカルトではないかとカントなら疑ったのではないだろうか。

もちろんカント哲学においても、自然と人為の間には区別がある。自然は意図を持たないが、人間の行為は意図や欲求を持つからである。ここで欲求というのは欲望や衝動といった狭い意味ではなく、「こうすべきだ」という道徳的な欲求をも含んだ広い意味である。そうした欲求を持ちうることが、人間が「自由」であるということの意味である。したがってカントにおいては、自然と人工の間に対立はなく、自然と自由との間にある。この違いは、初めて耳にする人にとってはピンと来ないかもしれないが、AIについて哲学的に考える際にいちばん重要なポイントなので、何とか心に留めておいてほしいことである。現代の私たちにとっては、人工物としての機械が自然と対立する。けれどもカントにおいては自然が機械であって、自然物であれ人工物であれ機械的に動く世界が、意図や欲求によって動く自由の世界と対立しているのである。

自然と技術《アート》との関係

右でカント哲学の基本を紹介したのは、そこで考えられている技術とは何かということを正確に理解するためであった。自然と自由とは対立するけれども、自然と技術とは単純に対立しているわけではない。ではそれらはどんな関係にあるのだろうか？　この、自然と技術との関係こそ、私たちがテクノロジーについて考察する際、AIとは私たちにとって何なのか、どのように向きあうべきかを考える上で、もっとも重要なことだと思うのである。そこで最後にそれを説明することで本章を終わりにしたい。

一般に技術とは、何らかの目的を達成するための手段である。そしてその目的とは、技術それ自体の外にある。靴を作る技術は、それを履いて快適に歩くという目的のために行使されるが、この目的は靴を作る技術それ自体と必然的に結びついているわけではない。革を加工したりする同じ技術は、靴を作って履くというのとはまったく異なった目的のためにも使われるからである。そうした、外部にある特定の目的のために行使されるというのが、技術のふつうの理解だろう。けれどもカントは、そうではない技術も存在すると言う。それは、技術の目的が技術の外にあるのではなく、自分自身の中にあるような技術、いわば外の助けを借りずに自力で目的に適っているような技術である。そうした、技術がそれ自身の目的に適っているような技術のことを「美しい技術《ファイン・アート》」、つまり「芸術」と呼ぶのである。これもまた、現代人の多くにとっては、芸術についての異様な定義だと思われるかもしれない。だがここで本章の冒頭で引用した太宰治の作品の一節を思い出してほしい。鉄道の陸橋や地下鉄のような技術的産物を、主人公は幼い頃、何かの役に立つためではなくて、それがあること自体が楽しいから作られたのだと信じていた。それはつまりテクノロジーを「芸術」だと思っていたということなのである。

いよいよ核心に近づいてきた。技術一般は——それが外部に目的を持つという点において——自然と区別されるにもかかわらず、「美しい技術」つまり芸術は「同時に自然にみえる」ような技術であると、カントは述べているのである。もちろん芸術作品だって、それが人為的な制作過程によって生み出されたことを私たちは知っている。だが同時に私たちは芸術について、まるで作者は自由奔放に作ったただけのようにみえる、などと言わないだろうか。そうした言い方の背後には、芸術において技術は機械的強制力として現れてはならず、あたかも自然の産物のように、作為なく勝手に出来上がったようにみえなければならないという認識がある。つまり技術と自然との間には、相互に照らし合う二重の関係が存在するように思えるのである。技術は、一方では特定の目的に沿ったものを制作するために機械的強制力を用いる活動なのだが、他方ではいわば自由な遊びとして、あたかも自然であるかのように現れることもある。技術はそうした二面性において考えられなければならないということである。

このことを先に触れた二つの英語形容詞に結びつけてみると、「アーティフィシャル」における技術《アート》とは自然との対立において理解された技術であり、それに対して「アーティスティック」における技術《アート》とは、技術でありながら作為が感じられない技術、「あたかも自然として」現れる技術として理解できる。大雑把な分け方をすれば、前者がテクノロジー、後者が芸術ということになるのだろうが、かならずしも現実の制度的な意味における、テクノロジーと芸術との違いに限定する必要はないだろう。テクノロジーにも常に自由な遊びという側面があり、また芸術にも意図や作為によってメカニカルに動いている側面はあるからである。その意味で、科学技術的な営みの中にも本質的なレベルでは芸術が含まれている部分があり、また反対に、常識的に芸術と呼ばれている活動の中にも、本質的には芸術と無関係な要素もたくさんある。AIが驚くべき技術的達成であることはその通りなのだけれども、私はそれを同時に遊びとして、あたかも自然の所産として、また芸術活動としても見ているということである。それが本書の基本的なスタンスなのであるが、たしかに現代の知的環境の中ではかなり異様で反時代的に響くであろうことは、私自身もあえて否定しない。

第二章　私もロボット、なのか

――本当は怖くないフランケンシュタイン

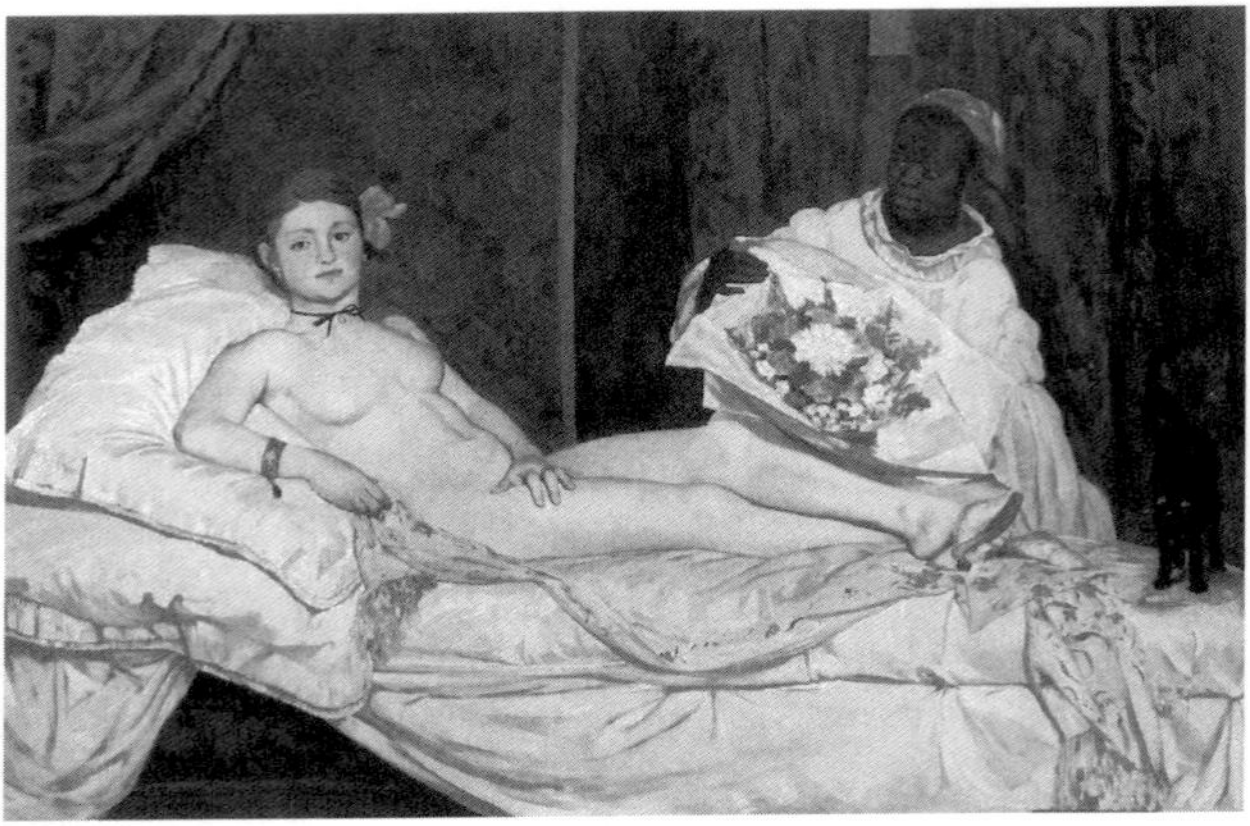

エドゥアール・マネ『オランピア』、1863年、オルセー美術館、パリ

技術が人の姿で現れる

西洋美術、特にギリシアやローマの古典的主題を扱った作品には、やたらに裸の男女が登場する。西洋美術とはそういうものだと慣れているかもしれないが、あらためて考えてみると、かなり奇妙なことである。キリスト教文化圏では二〇世紀後半になるまで、人前で裸体を晒すことは一般にタブーだった。少なくとも、裸体に比較的寛容だった近代以前の日本などよりは、ずっと厳格だったように思われる。有名なフランスの画家エドゥアール・マネの作品「オランピア」(一八六三年)は、発表当時とんでもないスキャンダルとなったと言われるが、西洋美術の歴史を眺める

との程度の裸体はルネサンス以来、無数に描かれてきたはずである。なぜこれがスキャンダルになったのか。いったい「オランピア」の何がいけなかったのだろうか？

それは、描かれているのが現実の人間（パリの高級娼婦）だったからなのである。それに対して、それまで多くの古典的作品に描かれてきたのは、人間ではなくて古代ギリシア・ローマの神々や神話における登場人物だった。つまり、現実の人間でさえなければ、裸体それ自体は描いても何の問題にもならなかったということだ。神様、たとえばビーナスとは本来、理想化された「美」そのものである。理念としての美それ自体は形を持たないが、それがありがたいことに（私たちに分かりやすいように）美しい女性像として姿を現してくれているということなのである。

このように、本来人間の姿を持たない存在が、あえて人間の姿を借りて描かれることを擬人化と言う。英語ではパーソニフィケーション（personification, 人格化）と言ったり、それ以外にも、アンソロポモルフィズム（anthropomorphism）というギリシア風の言葉も存在する。後者はあまり聞いたことがない人もいるかもしれないが、その言葉の元になっている「アントロポス」というのが人間のことで、「モルフェー」というのは姿、形だから、この言葉はまさに「人の姿で現れる」という意味である。ただ「擬人化」と日本語訳してしまうと、たんに何かを人に見立てているかのようで、あまりインパクトのない語感になってしまうかもしれない。「アンソロポモルフィズム」という語の持つ、人でないものが人として姿を現すという、ちょっとオドロオドロしいような感じがあまり伝わってこないのは残念だ。

前章の最後では「技術」について考察した。技術も、それ自体としては形を持たない。もちろん技術による産物は何らかの具体的な形を持っている。形を持つとは、私たちの感覚に訴える仕方で現れること、言い換えれば「美的に現れる」ことだと言える（「美的」というのは感覚に直接訴える、直感的《エステティック》という意味であって、かならずしも美しいということではない）。つまり私たちはその産物の形を通して、目に見えない技術の本質を直感することになるのである。さて技術というものが、たんに何らかの形をとって現れるというだけでなく、よりによって人間の姿をとって現れたとしたら、どうだろうか？　いってみれば技術それ自体の擬人化《アンソロポモルフィズム》である。その時技術は、ビーナスのように美しい人体として現れるだろうか？

少なくとも近代西洋文化の中では、かならずしもそうではなかった。キリスト教的な権威が衰えて、自然についての唯物論的・科学的態度が知識人の間に広がった啓蒙主義の時代、初期産業革命によって機械や技術の有効性を多くの人々が認めていった一八世紀末から一九世紀初頭、当時最新の科学技術が人々の想像力の中で擬人化され現れたのは、身の毛もよだつ怪物の姿であった。ほかでもない、一八一八年にメアリ・シェリーが匿名の恐怖小説の中で描き出した、フランケンシュタイン博士の作ったモンスターである。それはその後二〇〇年にわたって、たんに一物語におけるキャラクターにとどまらず、人間にとって脅威となる技術やテクノロジーそれ自体を言い表す比喩として拡散していった。今日においても、この比喩はなお生きている。日本語の世界においてはそれほどでもないが、西洋言語の世界において「フランケンシュタイン」という名前は、核物理学、ロボット工学、遺伝子操作など「人間の達成した科学技術の成果が、人間の存在そのものを脅かす」という不安を言い表すために、現在でもしばしば使われているのである。人工知能も「フランケンシュタイン」という比喩によって語られることが少なくない。

素顔の「怪物」

さて「フランケンシュタイン」とはそもそも何者なのだろう。その名前は世界中の人々が知っているが、その原作であるメアリ・シェリー作『フランケンシュタイン、あるいは現代のプロメテウス』という作品を読んでみたという人は、それほど多くないのではないだろうか（一九五三年の宍戸儀一訳は現在ネット上の「青空文庫」で簡単に読むことができる）。たしかにこれは一九世紀初頭のいわゆる「ゴシック小説」と呼ばれるジャンルに属し、現代の読者にとって、けっして読みやすい作品とは言い難い。マッド・サイエンティストが人造人間を発明するSFかと思って読み始めると、最初の三分の一くらいはフランケンシュタイン博士の生い立ちや家族関係が長々と語られ、いったい何の話なんだろうと思う。中盤でやっと怪物自身が登場し、自分語りを始める。望みもしないのに造られてどんな苦労をしたか、人間と仲良くなろうとしたのに姿の醜さから虐待、排除され、隠れ棲みつつも何とか言葉を習得し、本も読めるようになった、といった告白が続くのである。

一方、SFであればそこが肝心であるはずの、いったいどんな方法で怪物を造ったのかという技術の詳細は最後までよく分からない。フランケンシュタイン博士は少年時代、アグリッパやパラケルススのような中世の神秘思想家たちに耽溺していたようだ。「ヘルメス主義」と呼ばれる西洋神秘思想の中にはたしかに、錬金術的操作によって人造人間（ホムンクルス）を造るという考え方がある。けれどもインゴールシュタットの大学に入学すると、教授たちからそんな知識は今どき時代錯誤だと言って笑われる。そして電気現象の研究をはじめとする当時（一八世紀末）最先端の自然哲学に触れて、優秀な研究者となってゆくのである。つまり怪物は、その製作方法の詳細は不明であるが、どうやらヨーロッパの古い神秘主義思想と、当時の新しい自然科学的知識とが合体することで生まれたものらしいと想像できるのである。

「フランケンシュタイン」は、その名前とイメージだけが一人歩きしているので、オリジナルとは遠くかけ離れた誤解が広がってしまった。何をおいても最大の誤解は、それがそもそも誰の名前なのかということに関わるものである。フランケンシュタインとは、この物語の中で怪物を造り出した科学者ヴィクター・フランケンシュタイン博士の姓であって、怪物の名前ではない。怪物自身には名前がないのである。その意味では怪物をフランケンシュタインと呼ぶのは間違いなのだが、あえて穿《うが》った見方をするなら、造られたものがその造り主の名前で呼ばれるようになったことは、それはそれで意味深長であるとも言える。というのも怪物とフランケンシュタインとの関係は、キリスト教における被造物（人間）と創造者（神）の関係に重なるからである。怪物をフランケンシュタインと呼ぶのは、いわば人間が神の名で呼ばれることとパラレルだということになる。さらには、そこに異教的（非キリスト教的）要素も重なっている。原作の副題に「現代のプロメテウス」とあるのは、人間に火をもたらしたとされる（一説には人間を創造したと言われる）ギリシア神話の神の、現代版ということである。プロメテウスはその所業によって凄まじい罰――巨大な鷲に肝臓を啄《ついば》まれ続ける――を受けることになる。小説の主人公であるフランケンシュタイン博士が最後は怪物を追いかけて北極に行き死んでしまうという運命も、造ってはならないものを造った罰であるように思える。

さらに、私たちが共有している怪物の典型的なビジュアル・イメージも、けっして原作に忠実であるわけではない。怪物は人間離れした巨漢であったと書いてあるが、具体的にどんな風貌をしていたのか、原作ではまったく定かでない。たしかに、それを見た人が怖れ嫌悪したのだから、イケメンでなかったことは確かだろうが、原作では「この世ならぬ」とか、「身の毛もよだつ」醜さといった表現で書いてあるだけで、どんなふうに醜いのかはよく分からない。それではなぜ私たちは今、フランケンシュタイン（の怪物）といえばこれというような、ステレオタイプのイメージを共有しているのだろうか。実はその起源は、一九三一年に公開されて大ヒットしたユニバーサル映画『フランケンシュタイン』において、ボリス・カーロフというロンドン出身の俳優が演じた怪物役のメーキャップによるものらしい。それがその後、本の挿絵、映画やマンガ、お化け屋敷のキャラクターなどの大衆文化を通じて、全世界に広がったわけである。

だが、フランケンシュタインの物語をめぐるもっとも重大な誤解は、この怪物自身が世界をどのように経験していたかという、原作の中心部分をなす内容が、ほとんど伝わっていないという点に由来する。「フランケンシュタイン」という名前は、生命や人間（のようなもの）を人工的に創造することで人類が神の領域を侵したために、大きな厄災が発生する（つまり神罰を受ける）という、一神教に特徴的な物語と結びついた言葉として広がってきた。そこでは怪物そのものはひたすら恐ろしい存在、最初から人間に敵意を抱き人間を滅ぼそうとする脅威であるかのように想像されている。だがこれは原作からすれば正しくない。怪物はそれほど人間に敵意を抱いているわけではないからである。怪物を恐るべきものとして想像するのは、ほとんど人間側からの不安の投影だと言っていい。

映画『フランケンシュタイン』よりボリス・カーロフ演じるフランケンシュタインの怪物

原作ではむしろ怪物の語りの方が、フランケンシュタイン博士のそれよりもよほど説得的である。読者は、その告白が怪物によるものと知りつつ、共感せざるをえないように書かれている。怪物は、本来は友好的で人間よりも理性的な存在であるようにすらみえる。そればかりではなく驚異的な知性を持っており、逆境にありながらわずかな間に自力で言葉も習得して、プルタルコスのような古典文学や、当時のベストセラーであったゲーテの『若きウェルテルの悩み』、そしてミルトンの『失楽園』を読んで理解しているのである。性格も攻撃的ではなく穏やかであるようにみえる。たしかに怪物はヴィクター・フランケンシュタイン博士の幼い弟ウィリアムを殺してしまうが、それも怪物の告白を信じるなら、その子が自分を見てあまり騒ぐので黙らせようと喉をつかんだら死んでしまった、と言うのである。つまり怪物はまだ自分の力や人間の子供の弱さを知らず、したがって殺害は過失の結果だったことになる（もちろんこの告白は嘘かもしれない。私は人工物の方に同情する傾向があるので、その点はちょっと割り引いて読んでほしい）。

とにかく全体としてこの物語の中では、恐怖に駆られて取り乱しているのはフランケンシュタイン博士の方であって、怪物は少なくとも最初は冷静な取引きを望んでいたようだ、という印象は否定できない。怪物は博士と交渉し、自分の姿が人間には許容できない醜悪なものであることは分かった、しかし自分は孤独なので女のパートナーを造ってくれないか、そうすれば二人して二度と人間の目に触れないような場所に隠棲すると約束する。博士はいったんはこの取引きに応じて女の怪物を製作し始めるのだが、途中で不安の発作に駆られてしまう。たしかに二度と人間の前に現れないと怪物は言っているが、女の怪物もその約束を守るという保証はない。そして男女――つまり怪物のアダムとイブ――を造ってしまったら、子供が生まれるだろう。怪物の子孫たちは、自分たちの親を虐待した造り主を恨むようになり、人類に復讐するために帰ってくるのではないだろうか……。

フランケンシュタイン・コンプレックス

ＳＦ作家のアイザック・アシモフは、数多くのＳＦ小説や映画、さらには現実の科学技術の発達において、人類が何らかの人工的な生命を作り出したことで、逆にそれに滅ぼされるかもしれないという不安や恐怖の類型を「フランケンシュタイン・コンプレックス」と名付けた。秀逸な命名であると思うが、先ほどの考察を踏まえて付け加えるなら、これはフランケンシュタイン博士の心に巣食うコンプレックス、つまりもっぱら人間側の問題であることに注意する必要がある。人間に復讐しようなどと思っていない人工物にとっては、そんなふうに見られるのは「いい迷惑」だとも言える。フランケンシュタイン・コンプレックスを刺激してきた典型的な人工物はロボットだろう。ロボットは一般に人間よりも強いので、もしもそれが反乱を起こすと、たしかに厄介なことになる。あるいは反乱を起こさなくとも、ロボットは自分がいかに強く、それに対して人間がいかに脆弱かを自覚していないこともあるので――ちょうど怪物が幼いウィリアムを死なせてしまったように――意図せず人間に害をなすことになるかもしれない。

そうした観点から様々な人工的生命やロボットが活躍する小説や映画などをあらためて眺めてみると、その多くが何らかの形で次のような筋書きに従っていることが分かる。まず、マッド・サイエンティストが造り出した人工物が、最初は従順だったがやがて反乱を起こして、人間が窮地に追い込まれる。破滅を防ごうとする通常の手段――警察や軍隊の出動など――がことごとく失敗に終わる。そしてたいていは思いがけない仕方――危機一髪の偶然、天才少年の登場、人工物の意外な弱点の発見、等々――によって悲劇がギリギリのところで回避され、ハッピーエンドで終わる。手を変え品を変えてはいるが、結局はそうした同じ物語を私たちが何度でも観たがる心理の底には、たしかに「コンプレックス」とでも呼ぶしかない何らかの心的機制があるようだ。そしてそれはハリウッド映画のような大衆娯楽文化の隅々にまで浸透しており、それを浴びながら育った私たちの多くは、そうしたコンプレックスの影響下で、現実の科学技術をも見るようになるのである。

人工物に対するそうした不安や恐怖を払拭するにはどうすれば良いのだろうか。アシモフはロボットの反乱を防止するために、その行動に基本的な禁止事項を設定する必要があると考えた。それが有名な「ロボット工学の三原則」というものである。

第一条　ロボットは人間に危害を加えてはならない。また、その危険を看過することによって、人間に危害を及ぼしてはならない。

第二条　ロボットは人間にあたえられた命令に服従しなければならない。ただし、あたえられた命令が、第一条に反する場合は、この限りではない。

第三条　ロボットは、前掲第一条および第二条に反するおそれのないかぎり、自己をまもらなければならない。

これはアシモフによるロボットSF短編集『われはロボット』（一九五〇年）に登場する有名な原則である。「『ロボット工学ハンドブック』、第五十六版、西暦二〇五八年」とあるから、私がこれを書いている今（二〇二四年）の時点からさらに三〇年以上先の未来という設定だ。そして「五十六版」を重ねているということは、それまで社会にたくさんのロボットが進出していろんな事件が起こり、何度も改訂を重ねてきた原則なのであろうと想像される。

この原則はたしかにフィクションの世界のものではあるが、純然たる空想というわけでもない。たしかに、三原則はこの表現のままでは、現実にロボットを動かすプログラムにただちに実装するのは難しいだろう。前章で触れた「フレーム問題」があるからである。「人間に危害を加える」という表現は、人間なら誰でもその意味がはっきりと理解できるが、ロボットにとっては容易ではない。どんな行動が「人間に危害を加える」ことになるのかを明確に定義するのが、きわめて困難だからである。それはともかく、ロボットに対する不安を取り除くには、この三原則のようなものが必要となるだろうという動機はよく理解できる。科学の博士号を持つアシモフ自身も、将来人間がロボットと共存するようになれば、そうした三原則のようなものが求められるだろうと考えていたようだ。私たちの多くも、ロボットと一緒に暮らすことを想像すると、やはりそうした安全基準が必要だと感じるのではないだろうか。

と同時に、この三原則を読んでいて感じるのは、ここではロボットというのは結局人間という「主人」に仕える「奴隷」なんだな、ということである。奴隷には、潜在的に反乱の危険がある。第三条にあるように、奴隷は生きてゆくこと（自己保存）を許されているが、それは奴隷に生きる権利、人権が認められているからではない。主人（人間）に奉仕し主人に危害を加えない限りにおいて――つまり主人の役に立つために――許されているだけなのである。それに対して、日本人がロボットや人工知能に向き合う態度はかなり違っている、ということが昔から言われてきた。かつて工場にロボットが導入され始めた頃、人間とは異なった外見であるにもかかわらず、一緒に働く工員たちはそれにニックネームを付けて仲間のように扱っていることが話題になったりした。現在も、ロボットや人工知能研究をしている私の同僚は、プレゼンでそれら人工物の振る舞いを説明する時「この子」という言い方をしたりする。もちろん西洋人の研究者だって自分の研究対象を愛称で呼んだりすることはあるかもしれないが、日本人の場合そうした人工物を隔たりなく扱う態度がたんなるユーモア以上の、何か無意識的な深みに達しているように感じるのは、私だけだろうか。

そんなことはもしかするとただの主観的印象かもしれないと思っていた時、たまたま次のような事実を知ることになった。それは人工知能学会に所属する知人が教えてくれたことである。この学会では、人工知能がますます一般社会に対する影響力を増してゆくことを考慮して「倫理指針」を策定し、二〇一七年二月に公布したと言う。この指針は、主としてこの学会会員(人間)に対して社会に対する責任や義務を喚起する内容であるが、最後の第九条にはなんと次のように書かれているのである。

9(人工知能への倫理遵守の要請) 人工知能が社会の構成員またはそれに準じるものとなるためには、上に定めた人工知能学会員と同等に倫理指針を遵守できなければならない。

これを読んだ時、私は非常に驚き、同時にとても面白いと思った。つまり、人工知能が人間社会に仲間入り──「またはそれに準じるもの」と付け加えられてはいるが──をしたいなら、人間と同じようにこの倫理指針に従いなさいと言っているのである。逆に言えば、人間と同じように倫理指針を守りさえすれば、人工知能も人間と同じように扱ってよい、と言っているようにも解釈できる。この書き方は、私にとってもたいへん納得のゆくものだった。たしかに人工物が人間を害さないように指針を与えるという意味ではアシモフの「三原則」と共通の動機があるが、明らかに違う点は、ここには主人と奴隷というような関係は、どこにも感じられないということである。

アニミズムと人形の心

フランケンシュタイン・コンプレックスは、本来は西洋キリスト教文化に特徴的なものだと思えるのだが、近代の日本社会もその強い影響を受けていることは確かである。SF小説やハリウッド映画を通じて、私たちもロボットなどの人工物に対して西洋文化におけると同じような不安を持つようになる。あるいは、持っているかのようなことを口にする。ロボットや人工知能がこれから生活の中にどんどん侵入してくることをどう思いますか？というようなインタビューをすると、いずれ人間はそうした存在に取って代わられるのではないかと思い、怖いと感じる、みたいな答えをする人も少なくない。けれども、本当に心からそう思っているのだろうか。このことは疑ってみる価値がある。そうした不安の表明は、たんに表層で西洋文化の影響を受けてきたために、そこから発生する人工物への不安が、自動的に口をついて出た紋切り型にすぎないのではないのだろうか。日本にも本当にフランケンシュタイン・コンプレックスは存在するのだろうか?

人工的な知性や生命を造り出すという考え方に対して、キリスト教のような一神教文化において一般的な「それは神の掟に背く恐るべき反逆行為であり、人間はそれによって罰を受けるかもしれない」というような強迫観念《オブセッション》は、多神教的な世界観の強い日本には存在しない、というようなことがよく言われてきた。たしかに、日本文化においてはロボットや人工的な生命に対して、心の底から不安や恐怖が抱かれているようにはみえない。フランケンシュタイン(の怪物)も、藤子不二雄Ⓐの漫画『怪物くん』ではノンビリした無害なキャラクター「フランケン」になってしまう。また人間以外の存在が「心」を持つことや、生物以外の存在が「命」を持つことに対して、かなり寛容であるという印象は否定できない。

そうしたことはよく「アニミズム」という言葉で説明される。アニミズムとは万物が「アニマ」を持つという世界観のことである。アニマは「魂」と訳されることが多いが、アニマ=魂の本質とは「動くこと」にある。みずから動くものは生きており、魂を持っている(その意味では「アニメーション」とは、本来静止している絵に魂を与える技術である)。

ただし「アニミズム」という語には注意が必要であり、あまりナイーブに受け入れるべきではないと私は思う。アニミズムは、近代西洋で発展した人類学が非西洋文化における宗教現象を記述するために使用し始めた概念であり、一神教的体系が発達する以前の宗教的心性、宗教的な未開状態であるというニュアンスが、そこから払拭できていない。はたして「未開人」たちは、本当に世界の万物に魂が宿っていると「信じていた」のだろうか？これは私たち自身の問題でもあるのである。近代西洋人が異文化の人々を見たのと同じように、私たちは自分たちの遠い祖先について、彼らは――科学が未発達だったために――超自然的な魂の存在を「信じていた」のだと、いわば「上から目線」で想像してはいないだろうか？

こうした偏見から一歩退いて考えるには、私たちは自分自身が日常無意識に行なっていることについて、冷静に眺めてみる必要がある。現代の私たちは、あたかも魂や心を持っているかのように会話する機械と日常的に接したり、それらと「会話」したりするようになった。ひと昔前まではSF的空想だったことが、今ではもはや日常的経験となった。私たちは朝から晩まで、機械と会話している。仕事はもちろん私生活にも不可欠となったパソコンや携帯端末はもちろん、家電、乗物、自動販売機やATM、さらには店頭で顧客に挨拶をする人間型ロボットなど、数え上げればキリがないだろう。私たちの言葉に応答するそうした人工物が「心」を持っていると、私たちは本当に信じているだろうか？　あるいは将来持つかもしれないと考えているだろうか？　たしかにそうしたことを空想するのは面白いかもしれないが、それほど深い実感を伴っているとは言えないのではないかと私は思う。それに比べてより強く共感できるのは、かならずしも現代のロボットや人工知能に対してではなく、日本人が遠い過去からモノ一般に対して示してきた態度や振る舞いである。

たとえば現代でも多くの人は、自分が可愛がってきた人形やヌイグルミを「たんなる物体」としては扱っていない。あたかも心を持つ存在として感じ、扱っているのではないだろうか。けれども、それらが厳密な意味で心を持っているのかとあらたまって問われると、そうではないと答えるだろう。人形やヌイグルミが、自分と同じような心を持っていることを証明できるのか、あるいはそれらに人権や人格が法的に認められるのか、などと問いただされたら、もちろんそうではなく、それらはただの物体だと答えざるをえない。だがそんな無粋な問いとは関わりなく、人形やヌイグルミが生きており心を持つと感じてしまう素朴な直感に変わりはない。要らなくなったからといって他の不用品と一緒にゴミ袋に入れるのは心が痛む（その場合はそれらを「供養」してくれるお寺もあるようである）。そしてこれは人形やヌイグルミに限られたことではなく、針、包丁、着物や櫛などについても同様であった。人間の身体と長く関わってきたそれらのモノには、人の心や生命が宿るようになる、という感覚である。長く接してきたものに心が移るのは、かならずしも人間にとってだけではない。たとえば岡山県の吉備津彦神社近くの古道にある福田海本部《ふくでんかい》には「鼻ぐり塚」と呼ばれる場所があるが、ここには全国で屠殺された牛の鼻輪（鼻ぐり）が送られ、山のように積み上げられて供養されている。牛と人間とを結びつけていた鼻輪にも、牛の命や魂の一部が転移しているという感覚が、その根底にはある。それをアニミズムと呼んでも間違いではないかもしれないが、そのことを私たちが事実として「信じている」というのとはちょっと違う。それは古代人だって似たようなものではなかったかと私は想像する。現代人が思っている（あるいは思いたがっている）ほど、「文明の進歩」なるものによって人間が大きく変わってしまうことはない。

機械が「心を持つ」ということ

ロボットや人工知能が「心を持つ」とはどういうことかを考える時、この問題を「アニミズム」で括ってしまうと、あまりに粗い議論にしかならないのではないかと私は思う。

というのも、「人形は心を持つか」という問いと「コンピュータやロボットは心を持つか（あるいは将来持ちうるか）」という問いとは、一見似ているようで実はまったく異なっているからである。知能とは違って、心はたんなる「機能」には還元できない。人形に向かって語りかけている人も、その人形が本当に自分の打ち明けた悩みを理解して相談に乗ってくれると考えているわけではない。つまり、人形が人間と同じ心の働きを「機能」として示さないことは、もちろん知っているのである。では人形に語りかける人はたんに独り言を呟いている、あるいは演技をしているだけなのだろうか？ けっしてそんなことはない。その人にとって人形が心を持つことは現実《リアル》なのである。相手が生きた人間だったとしても、ただ黙って話を聞いてくれる場合もある。たとえその人が動作や表情の変化を客観的に示さなくても、その人が心を持つことを私たちは確信している。相手に届くかどうか分からない手紙を書いている時や、亡くなった家族の位牌や墓に語りかけている時も、相手の心はそこに存在しており、「たんに語る人がそう思っているだけ」ではない。それと同じように、人形の心もまたリアルに存在する。ただしこのリアリティは、それを事実としてテストするとか証明するとかいう問題とは、端的に無関係なだけである。

それに対して、人工知能やロボットが「心を持つ」かどうかという問題はまったく異なる。人工物に心が宿るというのは、それらが示す機能や振る舞いから遡って想定される、一つの可能性にすぎない。人工物の示す反応が人間には予測できない複雑なものになり、また人間のような感情を思わせる挙動を示し始めたら、私たちはその背後に人間と同じような心が存在しているのではないだろうかと想像するわけである。つまり、相手が心を持つとしか思えないような振る舞いをしたら、それは心を持つ（チューリングテストに合格した）ということである。相手が機械か人間かが重要なわけではない。相手が生きた人間であっても基本的には同じことである。いかにもこちらの言うことを理解してくれているような答えを返し、共感を表す表情や動作をする人がいるとする。たしかにその人には心があると私たちは信じる。だがもしかすると、その人はいわゆるサイコパスであって、いかにもこちらの話を聞いて理解しているような態度を示していたとしても、それはそういう反応を学習しているだけで、本当は内面では何も感じていないかもしれない。けれども内面は永遠に分からないので、私たちは心の存在を示すテストの結果を信じるしかないのである。

人工知能やロボットは、最初から人間と同じような振る舞いをするように設計された人工物であり、したがって、それらに対面する人間はいわば自分自身の一部を鏡で覗き込むような経験をしていることになる。一方、人形やヌイグルミだってある種の技術的人工物であることには変わりはないが、彼らは別に人間のように振る舞わなくてもいい。彼らを製作する場合、技術はもっぱら人間に愛着や共感を引き起こすような外観や手触りを実現するために用いられる。それ以上のこと、つまり彼らとの交流におけるリアルな心の経験については、それを手にする人間に任されているのである。人形やヌイグルミ自体が、あたかも人間と同じような心の機能を示す必要はないということである。もちろん今なら、会話をしたり表情を変化させる機能をそれらに実装させることはできるだろう。けれどもここにはデリケートな問題があり、人形が下手に喋り出すと私たちは「不気味」だと思ったりして、かえってそこに心の存在を感じられなくなる。この「不気味」ということについては第三章であらためて論じるが、ひとことで言うと不気味とは、心がないのに心があるかのような振る舞いをすることへの違和感である。それなら、いっそ黙っていてくれた方がよほどいい。下手に会話できることによって、逆に私たちは相手に「心がない」という事実を突きつけられてしまうからである。人工物が「心を持つ」ことは、「あたかも心を持つかのように振る舞う」ということと同じではない。だがその人工物がロボットのような機械の場合には、この区別がみえなくなってしまうようである。

機械は人間と対立しているのか

根本的な問題は、機械と人間とを何らかの「対立」として考えること自体にあるのではないだろうか。そうした対立が「フランケンシュタイン・コンプレックス」を導き出し、私たちがロボットやAIについてもっと自然に考える態度を邪魔しているのではないのだろうかと、私は思う。「機械vs.人間」という固定した図式は、一方では「人間とはたんなる機械かもしれない」という不安に脅かされ、他方では「いや、人間はけっしてたんなる機械などではないはずだ」という固定観念に突き動かされているように考えられる。

一八世紀、啓蒙主義時代のフランスの医師ラ・メトリーは「人間とは機械である」(『人間機械論』、一七四七年)と宣言した。これは医学が未発達で、キリスト教的な世界観が力を持っていた当時はスキャンダラスだったかもしれない。それに比べて今日、私たちは病院に行って検査を受けると、身体の状態を示す数値が即座にモニタに示されて、人体が複雑な機械にすぎないことはその都度思い知らされる。にもかかわらず、人間とは機械だという宣言がスキャンダラスだという感覚だけは生き残っている。いつまでこんなことを「宣言」する必要があるのだろうか。「人間とは機械である」は、ただの中立的な命題ではなくて、「人間とはたんなる機械にすぎない」と主張されており、そこが「宣言」である所以《ゆえん》なのだが、この「たんなる」とか「にすぎない」という言い方が実はクセ者なのである。それにとらわれてしまうと、私たちは人間が「たんなる機械ではない」証拠に訴えねばならない（そうしないと人間の尊厳が傷つけられる？）と感じるようになるからである。

　人間が「たんなる」機械ではない証拠——それは現代であれば、たとえば「感情」を抱くことであり、あるいは「芸術的創造性」のような能力を持つことである。他のどんなことが実現できたとしても、その一点だけは機械がいくら進歩しても達成できない、人間特有の性質や能力——そうしたものに訴えたいと私たちは思う。だが機械と人間とを対立させるそうした構図では、まるで私たちが人間という「国」を死守するために機械の軍勢と戦争しているかのようなイメージになってしまう。この闘いは最初からいわばジリ貧となる運命にあり、人間に勝ち目はない。機械は進歩するごとに次々と防塁を突破して、人間に迫ってくる。かくして今や生成ＡＩは、人間の最後の「砦」であった「芸術的創造性」をも脅かしつつあるというわけである。ＡＩによって、もはや人間のアーティストはお払い箱になるのではないか、などという危機感が煽られる。だがこうした危機意識それ自体が、非常にわざとらしいものではないかと私は感じている。

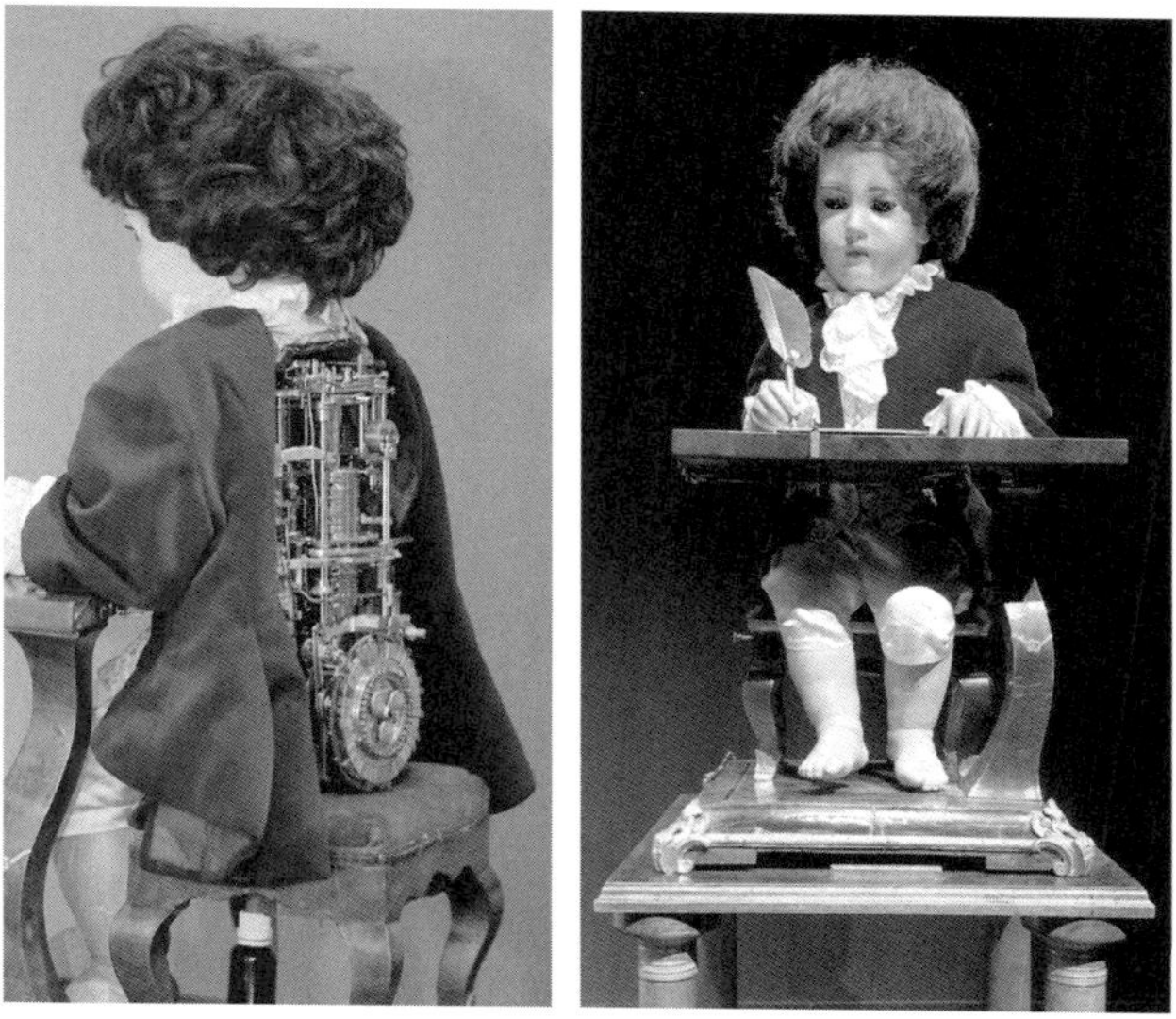

ジャケ・ドローが18世紀後半に制作した自動人形「書記」

よく考えて歴史を振り返ってみると、こうしたことは少しも新しい状況ではないのである。一八世紀末に盛んに作られた機械仕掛けの自動人形《オートマトン》は、現代人の私たちが見ると、よく出来た玩具のようなものにみえるだろう。電子回路もない時代に実現されたその動きの精密さに感心はしても、それが人間の尊厳を脅かすと感じる人はいない。だが、そんなメカニズムをそれまで見たことのない当時の人々にとっては、神による特別な被造物としての人間という考えを危機に陥れる驚異的な人工物だった。あるいはまた前章で述べたように、一九七〇年代にはELIZAのような簡単な会話プログラムの背後にすら、人は心や人格の存在を実感し、動揺した。こうしたことはそもそも、何を意味しているのだろうか。フランケンシュタイン・コンプレックスが生きているかぎり、これらは常に「古くて新しい問題」であり続ける。しかしそもそも、そんな「問題」が本当にあるのだろうか？　私はそうは考えない。むしろ、機械が人間の領域に迫ってくるという図式そのものが、根本的に間違っていると思うのである。

人間になりたい機械

機械と人間との単純な対立という枠組みには、根本的な無理がある。そのことは、ロボットや人工知能をめぐる想像力の中にも、ある種の徴候として現れているのではないかと思われる。それは、対立や敵対ではなくてむしろ互いに求め合うようなイメージ、機械と人間とはプラトン的な「愛《エロース》」によって結びついた存在なのではないかという空想の中にみられる。プラトンの『饗宴』には喜劇作家のアリストパネスが語る、有名な「アンドロギュノス」の話がある。それによると大昔、人間は男女が一つの身体に一体になったアンドロギュノス（両性具有）だった。このアンドロギュノスがあまりに強すぎるので、神はそれを二つに分割した。男女はかつての半身であるがゆえに、互いに求め合う（ちなみに元のアンドロギュノスが男男、女女の組み合わせもある）。これは性愛の起源を説明するお話だが、機械と人間もまた、それと似たような関係にあるのではないだろうか。つまり互いが互いの「半身」として、再び一体化したいと望むような関係だということである。

こうした欲求は、機械が人間になろうとしたり、逆に人間が機械になろうとしたりする想像力の中に見てとることができる。そもそもフランケンシュタインの物語自体、見方を変えれば、人工物が人間のようになりたい、人間として扱われたいと強く望みながらも、それが果たされなかったという悲劇として読むことができる。その後二〇世紀に数限りなく書かれたSFの中にも、アンドロギュノスの話のような、機械と人間との間のエロース的関係を見出すことができる。空想の未来世界に登場する人工物は、多くの場合人間よりも強く、頭もいい存在として描かれる。だがどこかに、人間よりも劣る決定的な欠陥を持つことが多い。サイバーパンクSF映画のカルト的作品となった『ブレードランナー』（一九八二年）に登場する「レプリカント」は、知能も運動能力も人間以上であり、またフランケンシュタインの怪物とは違って美形である。しかし寿命が短く、それを技術的に解決できないことに不満を持って、人間に反逆する。だがこれはむしろ例外であって、一般的には、ロボットは人間よりずっと長生きであったり、不死であったりすることが多い。不死であることは長所のように思えるかもしれないが、それにもかかわらず、自分よりも弱く寿命も短い人間のようになることを望む、という不合理な願望を抱くことがある。そのことは、人間が不死に憧れるということとまさに対照的だと言える。

一九九九年の映画『アンドリューNDR114』は、アイザック・アシモフの小説『バイセンテニアル・マン』（一九七六年）を原作とする物語であり、映画の英語原題も小説と同じである。「バイセンテニアル」とは二〇〇周年ということで、主人公のロボットがちょうど二〇〇年生きて死んだという意味である。このロボットは近未来における家事用ロボットなのだが、邦題にある「アンドリュー」という名前は「人間型《アンドロイド》」を省略した愛称であり、その語源は先述したギリシア語の「人間《アントロポス》」である。つまりそもそも名前からして、最初から人間を希求しているわけだ。

アンドリューはたいへん有能な家事ロボットとして、家族にも信頼され、子供も懐くようになる。もちろん「ロボット三原則」に従って動くので、理不尽な命令をされても人間に逆らうことはなく、人間を傷つけることもけっしてない。そればかりか、アンドリューと家族の間には愛情のようなものも芽生えてくる。だがアンドリューは人類の歴史を知ることで、ある時自由になりたいと望むようになり、一人暮らしを始める。そして自分の仕えていた人間たちが老いてゆくのに、自分は変わらないということにも不満を持ち、人間と同じように死ぬことを望むようになる。そのために人間の血液を輸血してその影響で老化してゆき、最後には血液が凝固して死ぬのだが、それは彼の願いが叶ったハッピーエンドなのである。

人工物がその卓越した能力を放棄してまで人間になることを望むという物語にはある種感動的な側面があるが、それはおそらく、人間以外の存在——鬼、動物、妖怪など——が人間になろうと努力する（そして大抵は失敗する）という説話的な原型に繋がっているからかもしれない。子供の頃（一九六〇年代末）見ていたテレビアニメに『妖怪人間ベム』というのがあったが、これも異形の生き物たちが善行を積むことで最後は人間になりたいと望む物語であった。しかも、「妖怪人間」と呼ばれているが彼らは超自然的な存在ではなく、人造人間を作ろうとした科学者が実験に失敗して放置した細胞から自然発生した、というような設定になっており、フランケンシュタインの怪物と同じような生物学系の人工物なのである。私は子供の頃この妖怪人間たちが大好きで、彼らのようになりたいと空想していた。だから、なぜ彼らが人間になりたいのかが理解できなかった。たしかに彼らの本当の姿は異様だが、フランケンシュタインの怪物とは異なり、人間のような見掛けを装うこともできる。彼らは明らかに人間以上の能力を持っており、人間になることはあえてそれを捨てることを意味するからである。

死ぬことは「能力」なのだろうか?

機械や人工物の抱く「人間になりたい」という願望とは、ようするに自分の無限の能力を放棄して、あえて有限の存在となることを希求するということである。人間という存在の有限性とは何か? 分かりやすく言うなら、それは老化と死である。アンドリューはそれを望んだ。一方人間の側では、それとは真逆の願望を持っているように思える。アンチエイジングによって老化に抵抗し、延命や、できれば不死となることを望んだりしている。とても奇妙なことだ。機械は人間になることを望んでいるのに、人間は機械になることを望んでいる。機械と人間とがいわばお互いに相手を求め合うという、この相互にエロース的な関係の交点に「死」の問題がある。これは避けて通れない。人工知能と人間との関係を考える場合も、私たちは暗黙のうちに「死とは何か」という問題を考えているのである。ただ、ふつうはそんなことは意識しないだろう。テクノロジーについて考える時、「死」

の問題はうまく誤魔化して避けて通ることが多い。もちろん死に言及されないわけではないが、それは自分の死ではなく、対処すべき課題の一つとしての死である。たとえば後に述べる「シンギュラリティ」についての議論や、医学的処置によって近い将来不死を実現できるといった主張においては、死はあたかも技術的に回避可能な不具合、あるいは医療によって克服可能な病気の一種ででもあるかのように語られる。

それに対してアンドリューのように、機械が人間になることを望み、その結果として死ぬことを望むという話は、私たちが機械と人間との関係を誠実に考えようとする際、大きなヒントを与えてくれる。機械にとって人間と同じになるとはどういうことだろうか？　もしもそれが、自然に会話したり、表情を変化させたり、感情を表現したり、時間と共に老化の徴候を示したりするという意味であれば、それらはすべてある種の「能力」の実現であり、（現実的にどこまで可能かどうかはともかく）工学的に達成可能な目標である。それでは「死ぬ」ことはどうだろうか？　死ぬことは、工学的に実現し機械に実装できる何らかの「能力」なのだろうか？　アンドリューは機械の身体に人間の血液を輸血して死ぬが、これは一種の「自殺」のように思えるかもしれない。自殺することとは、人間にはできるが機械にはできない「能力」の一つなのだろうか？

ふつう機械に何かが「できる」と私たちが言う時、それはチェスで人間のチャンピオンに勝つことだったり、創造性を感じさせる絵を描いたりする、といったことを意味する。人間もゲームをしたり会話したり絵を描いたりするから、能力を物差しにして機械と人間を比較し、どっちが勝ったとか負けたとか言うことが可能なのである。だが「死ぬこと」や、その反対の「生きること」についてはどうか。生きることは一見、何らかの「能力」によって可能になっているかのようにみえるかもしれない。そうだとすると、死ぬことは生きるという能力の欠如ということになる。だがこれは、何かが死ぬのを外から観察した時の話であり、死の定義としてはまったく不十分である。なぜならアンドリューが求めたのは誰かが死ぬことではなく、自分が死ぬことだからだ。人の死と自分の死とは、そもそもまったく異なった問題である。

自分の「死」とは、何らかの能力の有無とは関係のない、生のまったくの「外部」である。それは生の欠如や中断などではない。他人の死は外から現象として観察することができるが、自分自身の死は自分にとって、時間・空間内の現象としてはけっして現れない。死の不安や恐怖、死に至る苦痛は経験できるかもしれないが、死そのものは経験できないということである。ウィトゲンシュタインの『論理哲学論考』(一九二二年)には、このことが明確に述べられている。


死は人生における出来事ではない。人は死を経験しない。

永遠がもしも際限のない時間的持続のことではなくて、むしろ無時間性のことであるとしたら、現在に生きる人が永遠に生きるのである。

私たちの視野に境界がないように、私たちの人生には終わりがない。

（ウィトゲンシュタイン『論理哲学論考』6.4311）


機械と人間との関係について考えることが重要なのは、それによって私たちが、人間とはそもそもいかなる存在なのかという実存的な問題の原点に立ち戻れる点にある、と私は思う。私たちは日常的な意識の中では死を自分のこととして考えていない。たしかに私たちは死というトピックについていろいろと知識は持っており、また私のように高齢になればお葬式はどうしようとか、自分の問題として考えていると思ってはいるが、本当に考えているのかどうかは、実はよく分からないのである。

人工知能について考えることは、そうした哲学的思考を取り戻すための、絶好の機会ではないかと思う。機械と人間とがお互いにアンドロギュノス的な「半身」であるとすれば、私たちは機械的存在について考えることを通じて、実は自分自身について考えていることになる。だとすれば、人間になりたいと望む機械とは反対に、機械になりたい人間の願望とは、そもそも何を意味するのだろうか？　本章の最後にそれを少し考えてみよう。そうした願望は一見、人間から離れること、ポストヒューマン的な新たな存在の段階を志向しているようにみえながら、実は不死を願うきわめて古い願望、あまりにも人間的な願望を反復しているだけかもしれないからである。

シンギュラリティ、あるいは機械になりたい人間

機械があえてその不死性を断念し、人間に近づくために有限性を求め、潔く死を選ぶという物語は、ある意味で美しく感動的であるとすら言える。それに対して、人間がテクノロジーの力を借りてその生の有限性から自由になろうとする物語は、お世辞にも美しいとは言いがたい。そこには人間の煩悩が透けてみえ、ぶざまである。たとえば現在内閣府が進めている「科学技術・イノベーション基本計画」では「Society 5.0」という考え方が提唱されているが、これは社会の狩猟、農耕、工業、情報的段階に続き「サイバー空間とフ

ィジカル空間を高度に融合させた」未来社会なのだそうである。そこに見られる、まるで一九世紀を思わせるナイーブな進歩主義的文明観は別にしても、テクノロジーによって人間がこれまでの有限性から解放され、それが人類の幸福の増進に繋がるという考え方の中には、あまりに人間的な欲望が剝き出しになっていて、みっともないという感じが否めない。

だがそれは、現代の私たちが従わされている「常識」を反映するものでもあるのである。私たちは新しいテクノロジーの力を借りてより強く、より賢く、より長生きしたいと願望するように、日々誘導されているのである。その究極に、自然な肉体の老化や死から解放されて不死になるという空想もある。もちろん、不老不死が古代から様々な文明において希求されてきたのはその通りなのだが、現代はそれが、すべて数値化されているという点がまったく違う。数値的なスケールの中で、より高い運動能力、知能指数、健康状態等々を獲得すること、そして生きる時間もまた数値的に延長し、究極的には永遠化することが可能であり、目標とすべきだということになっている。

こうした、かつてはSF的な空想の中にあった願望が、現実の未来予測として本気で語られ、現実の政策や市場に巨大な影響を及ぼしていることが、現代社会の特徴である。そして私たちはそれを「進歩」として語るように強いられている。その典型的なものは、レイ・カーツワイルが提唱している「シンギュラリティ」である。この言葉はその意味もあまり知られないまま、それを口にすれば最新の話題についていっていることを示す、一種の流行語のように使用された。シンギュラリティというのは情報テクノロジー、とりわけ人工知能の発達が指数関数的に上昇してある時点で爆発的な進歩を遂げ、それ以後は機械が人間のあらゆる能力を凌駕するような「技術的特異点」のことだ。しかもそれは遠い未来ではなく、今からわずか二〇年後の二〇四五年ではないかと言われる。その時人間はどうすればいいかと言うと、自分自身の精神をソフトウェアとして機械にアップロードし、肉体の制約を離れて永遠の生を獲得できる、というのである。まさに、自分の不死性を捨ててまで人間になりたいと願うロボットの決意と真逆である。

こうしたアイデアには、スキャンダラスな危機感を煽って金儲けをしようとする意図が見え見えなので、わざとツッコミどころ満載に作られている。たとえば、私の心をソフトウェアとしてAIにアップロードしても、その「情報」が「私」であると言えるのか?という疑問は誰しも感じるだろう。まったく同一の遺伝情報を持つ一卵性双生児は異なる「私」を持っている。だから精神をアップロードしても「私」は依然として生きた身体に残されるだけではないか、等々。だがそもそもこんな議論に関わりあう必要はまったくないのではないか、と私は思う。精神《マインド》アップローディングに対して、そんなことは不可能だと反論する気持ちにはならない。やりたい人は二〇年後に勝手に永遠の生を獲得すればいいではないかと思うだけである。つまり興味がない。

それよりも興味があるのはこうした議論の前提、つまり「私」とはようするに脳内の情報処理のことであるといった現代的な「常識」について考えてみることだ。ここで私が示唆したいことは、私たちの多くは、本当はこんな「常識」には、深い違和感を持っているのではないか、ということである。人生において私たちが価値を認めている事柄のうち、数値的に評価したり向上させたりできる側面はそのごく僅かなのである。テクノロジーによる能力の向上、ましてや不死の希求などというものは誰もが共有すべき常識《コモン・センス》ではないことを、私たちは本当は知っている。けれども表立って意見を求められると、ついついテクノロジーを素朴に肯定するようなことしか言いにくくなっているのは確かである。それは私たちが、テクノロジーの進歩に対して単純な賛成／反対ではなく、別な語り方をするような機会を失っているからではないだろうか。本書はまさに、そうした別な語り方の領地を確保する試みなのである。

フランケンシュタイン（の怪物）は怖い、というのもステレオタイプの常識である。そして私たちは怖いものが大好きなのだ。それまで無害にみえていたものが「本当は怖い」というようなメッセージに、強く惹きつけられる傾向がある。心霊写真のように、チラッと見ただけでは分からないがよく見ると恐ろしいとか、あるいはお化け屋敷のように、一見何もないところからいきなり何かが出てくる、といったパターンである。だからこうした話はよく売れる。けれども私はその反対に、怖いとされてきたものが本当は怖くない、と言おうとしているのである（だからこんな本はあまり売れないだろう）。以前臨床心理学者の友人からこんな話を聞いた。ヘビ恐怖症のあるクライアントが、毎晩夢の中にヘビが出てきて怖くて眠れません、と言う。そこで彼女は、それではちょっとだけガマンして、夢の中にヘビは何匹いたか、何色でどんな模様だったかを、次に来た時私に教えてください と答えた。すると不思議なことに、ヘビはもう夢の中に出てこなくなったのである。怖いと思っていたものを直視してみると、本当は怖くないことが分かる。私たちがコンプレックスや強迫観念《オブセッション》から解放されるのは、そうした瞬間なのである。

第三章　不気味の谷間の百合

――賢いハンスたちと共に

フランケンシュタインとゾンビ

前章では「フランケンシュタイン」をめぐるイメージを手がかりにして、人工物と人間との間に生じる感情的な関係について考察してみた。フランケンシュタイン（先述したように正しくは「……の怪物」とすべきだが煩わしいので以下は省略する）は、かれこれ二世紀にもわたって恐怖《ホラー》の典型的イメージを担ってきたモンスターである。現在ではどうだろうか。たしかにフランケンシュタインという名前は、人工物がもたらす脅威の比喩としてまだ生きているが、モンスターとしてはいくぶん影が薄くなったようにも思われる。今では、誰もが知るホラーの定番としてのフランケンシュタインの地位は、ゾンビに取って代わられたと言えるかもしれない。フランケンシュタインとゾンビ。この二者を並べてみると、いろいろな点で対照的にみえて興味深い。歴史的には前者が産業革命からおよそ一九八〇年頃までの機械工業の時代、後者がそれ以後現在までの情報産業の時代に、それぞれ対応するモンスターであると言うこともできるだろう。

フランケンシュタインの身体には、重い物質性がまとわりついている。多くの場合、このモンスターは死体のパーツを縫合することで造られたように想像されているが、造られた怪物自身は生きているのである。フランケンシュタインを駆動する「生命」のイメージは、生気論《バイタリズム》と呼ばれる思想的系譜に属するものだ。生気論とは、物質の中に何か特別な「力」が侵入することによって、たんなるモノが生命ある存在となるという、きわめて古い起源を持つ考え方である（ある意味では、これは私たちの常識的な生命観の中にまだ根強く存在しているものである）。物質を生命たらしめるその「力」とは何なのかについては様々に解釈されてきたが、多少とも神秘的なエネルギーとして想像されてきた。生気論とは、近代の唯物論的科学以前の、神秘主義的自然観を引き継ぐものであるとも言える。フランケンシュタイン（人間の方の）博士が若い頃夢中になっていた思想だ。この生気論に対立していたのが機械論《メカニズム》である。機械論によれば、生命とは複雑ではあるが物理法則に従って作動するマシンであって、たんなる物質を生命たらしめる特別な力などは存在しない。機械論は生気論を激しく攻撃する。私たちも学校に行って生物学を学ぶと、生命現象とは結局のところメカニズムであると考えるようになり、魂の存在を素朴に信じている人を「上から目線」で見るように誘導される。

一九世紀以降の科学の主流は概ね機械論であった。現代では生命現象を分子的メカニズムとしてかなり精密に説明できるので、生命とは何かという問題に関しても、機械論が完

生気論

機械論

全に勝利したようにみえる。というより、一般には自然現象をメカニズムとして説明することイコール科学と考えられているから、現代科学はことさら機械論を主張することすらしない。生気論vs.機械論という論争自体が時代遅れになったからである。だが、一八世紀後半から一九世紀にかけての時代にはそうではなかった。一七七一年にイタリアの自然哲学者ルイジ・ガルバーニが、死んだカエルの大腿筋を静電気で刺激すると痙攣するという現象を報告して大きな話題になったのは有名である。ガルバーニ自身も生気論者であったが、電気＝生命と単純に考えていたわけではない。だがこの実験により、生命現象は電気に密接な関係があるのではないかという議論が広がった。そして死刑が執行された罪人の死体に電流を流して蘇生を試みる――当時は科学と見世物との距離が今よりも近かったようだ――といった怪しげな実験が繰り返される。もちろん蘇生は成功しなかったが、電気刺激で一時的に筋肉の痙攣を引き起こし、見物人たちを驚かしたことだろう。『フランケンシュタイン』の作者であるメアリ・シェリーもおそらくそうした実験のことを知っており、それが物語の着想源の一つとなったであろうと想像される。フランケンシュタインが生まれる歴史的背景はそうしたものであった。

ゾンビをそれに対照してみると面白い。ゾンビの歴史的起源はブードゥーと呼ばれる、

映画『ナイト・オブ・ザ・リビングデッド』に登場するゾンビ

西アフリカやハイチに伝わる民間信仰にあるが、現在私たちが「ゾンビ」と呼んでいる怪物のイメージは、そうした伝統的信仰の中に登場する存在とはあまり関係がない。私たちの知るフランケンシュタインの起源が一八一八年の小説ではなく一九三一年の映画にあったように、私たちの知るゾンビの起源も一九六八年の映画、ジョージ・A・ロメロ監督の『ナイト・オブ・ザ・リビングデッド』にあると言うことができる。フランケンシュタインは静かで重厚、そしてまた孤独な存在だが、ゾンビは賑やかで軽く、多くの場合集団で現れる。ゾンビ映画ではこれでもかというほど血や内臓が飛び散るが、にもかかわらず（あるいはそうであるがゆえに?)その身体には物質性が乏しいように感じられる。両者とも元々死体であるという点では似ているが、フランケンシュタインと違ってゾンビは生きていない。「動く」という点では生きている(アニマ化《アニメート》されている)と言えるかもしれないが、ゾンビの内面には何もないのである。フランケンシュタインが読書し、若きウェルテルのように自分の運命に苦悩したりするのに対して、ゾンビはあたかも生きているかのように動くだけであって、意識や心はない(「心の哲学」と呼ばれる分野において行なわれる思考実験では、人間そっくりの反応をするが意識を持たない存在を仮定して、それを「哲学的ゾンビ」と呼んでいる)。そして何よりも、フランケンシュタインとは異なってゾンビは死ぬことができない。なぜなら初めから死んでいるからである。

　フランケンシュタインとゾンビとは、どっちがより怖いだろうか? これは興味深い問題だ。ここで結論を出すつもりはないが、両者を比較するとその恐怖の質がまったく違うことは明白である。フランケンシュタインはいわば精神分析的モンスターであり、私たちの無意識の奥深くに訴える。抑圧され、忘れられたもの、とっくの昔に封印したはずのものが、異形の姿となって戻ってくる——フランケンシュタイン的なモンスターの怖さとはそうしたものである。それに対し、ゾンビは意識を持たないのだから、当然無意識もない。ゾンビに直面する怖さとは、隠されていた秘密が露わになることからではなく、反対に、本当は秘密などどこにもないことが暴露されることから来るのではないだろうか。ゾンビはいわば私たち人間に対して、お前たちだって本当は意識も無意識も持っていないではないか！と迫ってくるかのようだ（「ゾンビに噛まれるとゾンビになる」という「ルール」は、そのことを意味していると思われる）。本当なら目を覆いたくなるようなスプラッター場面でありながら、そこには内省的な深みはなく、麻酔にかかったように無痛であり、もっぱら反射的な興奮や反応だけが際限なく持続する。ゾンビには影がなく、すべてがあまりにあからさまであり、おぞましくはあるが、不気味さはない。不気味さを味わう余裕を与えてくれないからである。ゾンビとは、今日における一般的なメディア経験——ネット上の、現実なのかＡＩが生成したものかも不明な凄惨な映像を見て、表面では動揺しながら内心では何も感じないというような経験——の擬人化であるとも思える。

「不気味さ」とは何を意味するのか？

ゾンビよりもフランケンシュタインを特徴づけている「不気味さ」についてさらに考えてみよう。それは私たちが人工物に対してしばしば抱く感情だからである。多くの場合、モンスターが登場する恐怖小説や映画においては、恐るべき存在が最初からありありと姿を現すことはあまりない。はじめはたいてい、平和な日常が描写される。だが、私たちはいずれ怪物が登場することを知っているので、ドキドキしながら見慣れた風景の中に何か異変を見つけ出そうとする。そうすると、それまでは安全で無害であると思われていた対象が、何か恐るべきものの徴候であるかのようにみえてくるのである。見慣れた安全なもの——それはたとえば人形であったり、ペットの動物であったり、ピエロの顔であったりする。だが、明白な危険や攻撃の徴候はまだそこには示されない。変化したのは対象ではなく、むしろ私たちの知覚の方なのである。見慣れたものがほとんどそのまま、見知らぬものとして現れる、ということだ。これが「不気味さ」の経験である。ホラー愛好者の多くは、本当はモンスターが姿を現す恐怖の瞬間よりも、むしろこの不気味さの方が好きかもしれない。

「不気味さ」というものについて、一世紀ほど前に精神分析学者のジークムント・フロイトは有名な論文を書いた。今日でも不気味さについて考える時に参照されることの多い「不気味なもの」（一九一九年）である。この論文は比較的短いが多数の考察が錯綜しており、とてもここで全体を紹介することはできないが、表題である「不気味なもの」という言葉についてだけ少し説明しておきたい。ちょっと煩わしく思われるかもしれないが、この言葉自体が「不気味さ」について考えるヒントになるからである。日本語の「不気味」という言葉は、「気味」つまり直接感じる気持ちが否定的な方に傾いている、というような意味だろう。一方フロイト論文の原題となっているドイツ語は「Das《ダス》 Unheimliche《ウンハイムリッヒェ》」という言葉である。Das というのは英語の the に当たる定冠詞で、形容詞の前に付いて抽象名詞を作ることができる。だから「Das Unheimliche」は「unheimlich《ウンハイムリッヒ》 なもの」というような感じである。最初の「un《ウン》」は英語と同じで否定の接頭辞だ。その後の「heimlich《ハイムリッヒ》」というのは「heim《ハイム》」という語から作られる形容詞である。「Heim」は英語の home に対応する言葉で、名詞だと「わが家」という意味だ（「ハイム」はマンションの名前に使われたりするから、聞いたことがあるのではないだろうか）。だから「ハイムリッヒ」からは、「我が家の」「見慣れた」「安心できる」、さらには「内密の」「秘密の」という意味が生じる。「unheimlich」はその反対だから「見慣れない」「安心できない」となり、そこから「不気味な」という意味が生じてくる。

だが「heimlich」と「unheimlich」とは単純に対立しているのではないということをフロイトは指摘する。「heimlich」が「unheimlich」の意味に重なることがあり、その場合には「見慣れたもの」がそのまま「不気味なもの」となるというのだ。そして、シェリングの『神話の哲学』からの引用「秘密に、隠されたままに……とどまっているべきなのに現われ出てしまったものをすべて、私たちは不気味と呼ぶ」という謎めいた、しかし驚くべき洞察にフロイトは注意を促す。面白いが、ここまで来ると抽象的すぎてついていけないと感じる人もいるかもしれない。とにかく「不気味さ」とは、隠されていることと露呈していること、見慣れたものと見知らぬものとの間の不安な移行状態、前者が知らないうちに後者に移行しているという経験を言い表す言葉のようなのである。

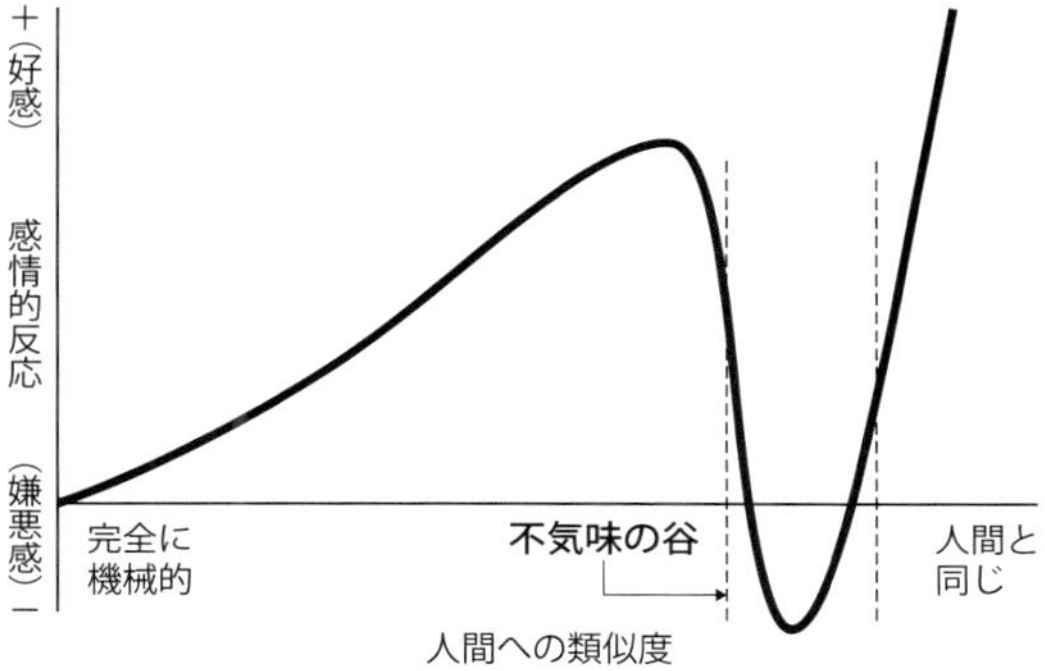

不気味の谷

フロイトのこの考察から半世紀後に当たる一九七〇年、日本人のロボット工学者である森政弘が「不気味の谷」という議論を発表した。これは、ロボットが人間にどれくらい似ているかに応じて、それに対する人間の感情的反応が劇的な仕方で変化してゆくという指摘である。もしもロボットの外観や反応が、人間のそれとは遠く離れたものであれば、私たちはロボットをたんなる機械とみなしあまり愛着を感じない。けれども少し人間らしい見かけに近づき、感情表現や会話が可能になってくると、私たちはそれに愛着を感じ、可愛いと思うようになる(『禁断の惑星』のロビーや初期の『スターウォーズ』に出てくるC-3POなどがそうだろうか)。そのようにしてしだいに人間に近づくに従って、人間はロボットに好感を抱いてゆき、もしも人間とまったく区別がつかなくなれば(現在はまだそんなロボットは存在しないが)、生きた人間と同じように感じることだろう。ところがそうなる直前の段階、人間にきわめて近くなったある時点で、突然耐え難いような嫌悪感が生じるというのである。グラフで縦軸に人間のロボットに対する好感度を取ると、ロボットが人間そっくりになる直前で突然落ち込む場所がある。これが「不気味の谷」である。

この主張には賛否両論があり、科学的な仮説として成立しうるのかと疑う人もいるようだが、ある種の説得力を持つことは否定できない。一見人間そっくりでありながらどこかが違うと感じた時、もっとも不気味さを感じるというのは、人工物を前にした時の私たちの経験を言い当てているようだし、不気味さについて私たちが考察してきたことにも合致するように思える。たとえば蠟人形を生きた人間だと思って近付いてゆき、それが動かない作り物であることが分かった瞬間、もっとも気味悪さを感じるだろう。外観が人間に酷似した人間型ロボット《アンドロイド》も、動いたり話したりすると人工物であることが暴露して、不気味に思う人が多い。それに対して、二〇〇〇年代初頭に一世を風靡したSONYの犬型ロボットAIBOや、現在GROOVE Xから販売されている家族型ロボットLOVOT（らぼっと）など、外観からして本物の動物や人間にそれほど似ていなければ、多くの人はそれを「可愛い」と感じることができる。これは現代の人工知能についても同様であって、昔の会話プログラムの応答にはいかにも人工物らしい特徴があり、私たちはそれに脅威を感じることはなかったが、ChatGPTの返す答えはあまりに人間の応答と似ているので、それを書いた相手が機械だと知ると不気味さを感じる人が少なくない。フロイトの言い方に置き換えると「不気味の谷」とは、人間と機械との関係にお

家族型ロボット「LOVOT（らぼっと）」
（提供：GROOVE X）

いて、見慣れた（と思っていた）ものが実は見知らぬものであることが暴露されるような領域のことであると考えられるだろう。「不気味の谷」を回避するためには——つまり人間にロボットに対する嫌悪感を抱かせないためには——初めから見慣れたものに似せることを断念するか、さもなければ何とかしてバレないようにする、つまり「騙し続ける」ことが課題となるだろう。しかし、そもそも機械は私たちを騙そうとしているのだろうか？

美空ひばりとレンブラント

二〇一九年の「NHK紅白歌合戦」で話題になったことの一つに、人工知能の技術によって「よみがえった」バーチャル美空ひばりの登場があった。「似せた」「シミュレートした」ではなく、「よみがえった」という踏み込んだ表現が用いられたことが、実に興味深いと思う。まるで現代の最先端技術によって——かつて一九世紀初頭の科学者が静電気を用いて試みたように——死者を蘇生させることに成功したかのように響くからである。いったいなぜ、こんな言い方が選ばれたのだろうか？　その理由はおそらく、この企画が三次元の動画と音声によって物故した大物歌手による過去のパフォーマンスを再現したものではない、ということを強調したかったからではないだろうかと思う。たしかにそれは、たんに精度の高い過去の再現ではなかった。そうではなくて、人間の美空ひばりがかつて一度も歌ったことのない新曲が、いかにも美空ひばりらしい動きや発声を学習した人工知能によって、上演されたものなのである。要するに、かつて存在したもののたんなるコピーではないということだが、「コピーではない」とするとそれは「オリジナル」と言っていいのだろうか？

この映像は現在でもYouTubeなどのネット上の動画で観ることができ、すでに何百万回も再生されているようである。ご覧になった方もいるかもしれないが、どんな印象をお持ちになっただろう。放送直後の反響が当時話題になっていたことを憶えているが、観た人の反応は両極端に分かれていたようである。素晴らしい、本当に美空ひばりさんが蘇ったみたいだ、と素直に感動していた人々も一方にいた。たしかに動画を観ると、涙ぐんで聴いている観客の方々も少なくない。ところが他方ではまったく逆に、「不気味だ」「気持ちが悪い」と感じて受け入れられないという人々もいた。それどころか、人工知能で亡くなった人を甦らせるなんて許されないことではないか、というような抗議もあった。美空ひばりさんに対しても失礼だし、そもそも歌というものに対する冒瀆ではないか！と憤慨する人たちもいたのである。こうした反応の背後には、たんなる先端テクノロジーへの反感を超えた、一種の道義的な理由も感じられる。死体を材料にして——もちろん本当に死体を材料にしたわけではなく、死者の残した映像や音声を材料にしたということだが——蘇生を試みることは、死者の尊厳を冒しているのではないか？　たしかに、亡くなった人の身体をみだりにいじりまわしてはならないと思うのは、自然な道徳感情と言えるだろう。一九世紀の科学者が蘇生実験の対象にしたのは死刑囚の死体だったから許容されたのであり、自分の家族の死体だったらどう感じるか。古典落語の「らくだ」は死人にカンカンノウという踊りをおどらせるというひどい話だが、それは死んだ男が長屋じゅうの嫌われ者という設定だから私たちはギリギリ笑って聴いていられるのかもしれない。もしも死者が私たちにとって大切な存在だったら、それを安易に蘇生させるなんて許されない！と感じる気持ちはよく理解できる。

もちろん、そうした否定的反応にはテクノロジーそれ自体に対する不安や嫌悪感も含まれている。だが人工的な存在が人間と同じ、あるいはそれ以上の能力を示したとしても、そのすべてに対してかならずしも「ＡＩ美空ひばり」に対するのと同じような、強い両極端の反応が起こるわけではない。計算機が人間の計算能力や論理的思考力をはるかに凌駕することに対して、今日の私たちはたんに便利な道具が出来たと歓迎するだけだろう。それではコンピュータがチェスや囲碁の勝負で人間の名人に勝利したことに関してはどうか。たしかに最初は（特に欧米社会においては）、人類に挑戦する現代の「フランケンシュタイン」の登場として、センセーションを巻き起こした。だが今では私たちはある意味慣れてしまい、そうした技術的達成を人類への深刻な脅威だと感じる人は、次第に少なくなりつつあるのではないだろうか。これもまた、映画などの新たなメディア装置と同じく、登場した直後はショッキングだが、それが可能にする知覚の経験が反復されると、当初の衝撃は忘れられてゆくという一般的な現象の一つだとも思える。その意味では「AI美空ひばり」のようなものにも、私たちはやがて慣れてしまうのかもしれない。

とはいえ、そこで強い両極端の反応が起こったことに関しては、計算やチェスの場合とは少し異なった理由があることも確かである。つまり「AI美空ひばり」の場合には、人工的存在が数値計算や論理的思考のような知的活動ではなく、私たちの心の琴線に触れるような、深い美的経験に踏み込んで来たからである（もちろんこれは私たちにとってそう思えるというだけではあって、人工知能自身にとっては自分のさせられていることが単純な計算なのかゲームなのか歌手のパフォーマンスの実現なのかという違いには意味がないのだが）。しかも、この場合はよりによって美空ひばりであったことが重要である。彼女は昭和二〇年代半ば、一二歳の「天才少女歌手」としてレコードデビューし、昭和天皇と同じ一九八九年に亡くなった。名実共に戦後の「昭和」を象徴する存在であり、ある年代以上の日本人にとっては、たんなる一有名芸能人ということを超えた、いわば「神様」に近い存在なのである。その「神様」を機械によって出現させて見せたのだ。つまり機械が美的領域を超えて、ある種の宗教的領域にまで踏み入ってきたということである。だから一方では「感動的」、他方では「冒瀆的」という両極端の強い反応が起こったのも無理はないと言えるかもしれない。

人工知能の発達によって、AI美空ひばりと同様のことが、様々な分野で起こりつつある。たとえば、オランダの金融機関であるINGグループが出資し、ハーグのマウリッツハイス美術館、アムステルダムの「レンブラントの家」美術館、デルフト工科大学、そしてマイクロソフト社が行なった共同企画に「ネクスト・レンブラント」というプロジェクトがある。このタイトルから想像できるように、一七世紀オランダの有名な画家レンブラントの絵を人工知能に描かせるという企てである。だがこれもまた「AI美空ひばり」と同じように、既存のレンブラント作品を機械で再現するのではなく、いかにもレンブラントが描きそうな主題や描き方を人工知能に深層学習させせることによって、現実のレンブラントは一度も描かなかった新しい作品を、描き出してみせるというものである。しかも平面的なイメージだけではなく、絵の具の立体的な盛り上がりまで表現されるのである。

　こちらの場合はレンブラント本人を蘇らせるのではなく、作品を制作させるのだから、死者への冒瀆というような反応は起こらないかもしれないが、別の意味での脅威を感じる人はいるかもしれない。機械によって作られた美空ひばりの映像を、生きた人間の歌手と間違える人はいないが、美術作品のよく出来た贋作は見ただけでは本物と区別がつかないからである（化学分析など別の方法で見破ることはできるが）。私自身、人工知能が描いた作品をレンブラントの未発見の真作だと言われたら、絵画を見ただけで見破る自信はない。それは巧みな人間の贋作者の場合と

「ネクスト・レンブラント」プロジェクトで制作された絵画

同じである。贋作の歴史は美術の歴史と同じくらい古い。著名な画家の作品に関しては、昔から数多くの贋作者が活動してきた。私たちが美術館で目にする名作にしても、鑑定家や美術史家が真作と判定しているというだけであって、すべて一〇〇％真作であるという保証があるわけではない（美術館は言いたがらないが）。ネクスト・レンブラントはもちろん贋作を作ることが目的ではないが、私たちにとってレンブラント作品だとしか思えないような絵画を作り出すことができる。しかも人間の贋作者と違って、機械は際限なく作り出すことができるのである。この状況は「レンブラント絵画」についての私たちの経験を、これまでよりも豊かなものにするのだろうか、それとも決定的に損なうことになるのだろうか。すぐにはどちらとも言い難いが、ここにもある種の「不気味さ」が現れている。「美術」という、私たちがこれまで「見慣れてきたもの」が、姿はそっくりそのままで、知らないうちに何か見慣れない、異形のものへと変貌しつつあるようなのである。こうした「不気味さ」こそが、人工知能と人間との関係について考える際にきわめて重要な感覚となる。本書はある意味で、この不気味さを言葉にしようとする試みであるとも言える。

私はこの不気味さを、ホラーの愛好者と同じように、怖いと同時にワクワクさせるものだと感じている。不気味さをたんにネガティブなものとみなしてしまうと、私たちはそこから逃れようとしてしまう。たとえばＡＩが生成するものに関して「騙されないように」と身構えたり、「私は見破ることができる」などと自分の鑑識眼に訴えたりしたくなる。そんな自信を持った人がまんまと騙されたら、さぞ悔しいことだろう。けれどもよく考えてみると、騙されて悔しいのはあくまで相手が人間の場合だけなのである。人間の詐欺師や贋作者とは異なり、そもそもＡＩはけっして人間を騙そうとしているわけではない。もちろん、ＡＩを使うことで私たちを騙そうとする人はいるかもしれない。だがその場合、私たちは結局のところ人間に騙されているだけである。「機械vs.人間」という構図は、その構図自体が間違っているのだ。本当は「（機械に騙されまいとする）人間vs.（機械で騙そうとする）人間」という構図があるだけなのである。とはいえ、技術やテクノロジーの問題、機械と人間との関係という問題を考えようとすると、そこに「騙す」というきわめて人間的なテーマが現れることは実に興味深いのではないだろうか。

ＡＩは美術作品を作ったのか

そこであらためて「騙す」とはどんな行為なのか、そしてそれが技術やテクノロジーとどんな関係があるのかを考えてみたい。もう一度、私たちが目の前にレンブラントの絵画作品（と言われるもの）を前にしている状況を想像してみよう。もしもその作品がレンブラントの描いたものではなく、ＡＩが生成した作品であって、私はそれに「騙された」と仮定した場合、その事態はいったい何を意味しているのだろうか？ということである。このことが意味するのは、「機械がついに芸術作品を制作するようになった」ということなのだろうか？　たしかに、レンブラントの絵画は紛れもない芸術作品であると、多くの人は認めている。一方、私の目の前にあるこの作品は、既存の作品の複製や贋作ではないという意味で「オリジナル」であると言える。かつ、観た私はそれを「本物の《オリジナル》」レンブラント作品と区別することができなかった。これらの「エビデンス」からすると、この事態は今や機械が芸術作品を創造できるようになったことを示しているようにみえるかもしれない。けれども、本当にそうなのだろうか？

こうした言い方をすると、いや、機械に芸術作品が作れるはずはない、と反論したい人もいることだろう。しかし、反論するのはかならずしも容易ではない。たとえば、機械が制作した作品の背後には、レンブラントという芸術家の存在が特定できないではないか、と言ったとしても、それはあまり強い反論の理由にならない。作者が特定できない美術作品は、これまでにもたくさんあるからである。あるいはまた、ＡＩが生成した作品の場合は、心の中のイメージに従って絵筆やナイフを使い絵具を画布の上に置いてゆくという作業、すなわち「絵を描く」という行為を行なっていないではないか、と言ってみたとしても、やっぱり反論としては弱いのである。美術作品を作り出す方法は多種多様であり、かならずしも手で絵筆を持って描くという行為が、作品制作に不可欠というわけではない。古今東西、芸術家というのは、過去のやり方にひたすらこだわる人は意外に少なく、使えるものは何でも使ってやろうというタイプが多い。歴史的にみても、美術家たちの多くは時々の最新の科学技術に強い関心を抱いて、それを使用してきた。現代であれば、絵筆の代わりに人工知能と三次元プリンターを使ってもおかしくないし、それを使ったという理由で芸術ではない、などということはできない。過去の有名な画家の作品であっても、本当はどんなやり方で描いたのかよく分からない例も少なくないのである。

それでは、事実として存在している作品の制作方法についてはともかく、それを生み出した芸術家の心の中のイメージを持ち出して反論することはできるだろうか？　私たちは作品を観る時、本当は物理的事実としての作品を観ているのではなく、それを通して作者の心の中のイメージを経験しているのであるという言い方はたしかに可能である。人工知能によって作り出された作品には、その内的なイメージに相当するものが存在しないのだから、やはりそれは芸術作品とは言えないのだ、と反論したらどうだろう? けれども、よく考えるとこれは夢のような話である。作品を通して私たちがレンブラントの「心」に触れているというような言い方は、ロマンチックな比喩としては成立するかもしれないが、それを用いて何かを論証することはとても無理だからである。

だとしたら、こんなふうに言い直してみたらどうだろうか。作品を通して私たちがレンブラントの心に触れている、という比喩が本当に意味するところは、私たちが何世紀も前の外国に生きていたある特定の人間の心の状態に実際に到達している(そんなことは現実には不可能だ)といったことではなくて、むしろその作品を観る経験によって、私たち自身の心の内部にある何らかのイメージが強く喚起されているということなのだ、と。けれどももしそうだとすると、私たちはそれを本当にレンブラントの作品であると信じた(騙された)のだから、AIの絵画はちゃんと私たちの心の内的イメージを喚起することに成功しており、したがって機械は芸術作品を作り出すことに成功した、と結論せざるをえなくなるのではないだろうか。ただし、私たちが騙され続けているかぎりにおいては、ということではあるが。

機械と「騙す」こと

やはり「騙す」ということが、機械と芸術との関係を考えるカギになっているようだ。そこで美術作品の判断を離れて、そもそも「騙す」とはいったいどういう行為なのかについて考えたい。私たちは子供に「人を騙してはいけない」などと道徳を教えるが、それは逆に考えれば、何か仕掛けをして人を騙すことが、面白く誘惑的な行為であるからにほかならない。面白いからこそ騙したくなるのである。神話や説話の中にも嘘や狡知によって難局を切り抜ける英雄の話は数多くあり、私たちはそれらを面白がって読む。だから子供が騙すことに魅了される傾向自体を責めることはできないし、騙すのが人間の性《さが》だからこそ、ある場合には禁止する意味がある。だがそこで禁止されているのは騙す行為自体というよりも、むしろそれが人に害をなすことによる。一方、美術にせよ文学にせよ、そもそも芸術の多くは現実に存在していないものを描き出し、現実と同じように、あるいは現実以上に人をそこに惹きつけるのだから、ある意味では「騙し」ているのである。だがもちろん芸術が虚構を弄ぶことは、道徳的に非難されるようなことではない。その理由は、芸術は人を「騙し」ていることを隠さない（だから厳密な意味では騙しているのではないとも言える）からである。芸術は騙すことによって何か別な目的のための利益を得ようとしているのではない。芸術においてはいわば、「騙す」ことそれ自体が目的となっている。

さて「機械」という概念もまた、「騙す」という行為と深い関係がある。「機械《マシン》」の語源であるギリシア語やラテン語の「machina《マキナ》」は、「策略」のような意味と共に「投石機」や「起重機」といった具体的な機械をも意味していた。「機械仕掛けの神《デウス・エクス・マキナ》（deus ex machina）」という有名な言い回しがあるが、これはもともと、芝居のストーリーの収拾がつかなくなった時に、最後の場面に神様を登場させて無理やりオチをつけるようなやり方を意味していた。古代の演劇では、文字通りクレーンのような機械を使って神様役の役者をそれに吊るし、舞台の上に降ろしたらしい。ストーリーを書いたら収拾がつかなくなったが、ともかく結末をつけないと仕方がない、という苦肉の策だろう。この「機械仕掛けの神」というのは、今で言えば、奇想天外な話を「すべて夢でした」と終わらせるようなやり方（「夢オチ」）のようなもので、一般に創作という観点からすればけっして褒められない、禁じ手に近いものと言えるだろう。

機械を用いること、「機械仕掛けの神」を使うことがなぜいただけないのか。ひとことで言うと、それは「不自然」だからである。作品は自然でなければならない。もちろん、演劇を含むすべての芸術制作は人間による作為的な行為なのだから、「作品」がそもそも「自然」の働きの結果ではないのは当たり前である（ただし東洋の「書」や陶芸のことを考えに入れると、作為と自然との区別はかならずしも明確ではなくなってしまうのだが）。芸術作品は人間の技量、技術、コントロールによって生み出されるのだから、それは基本的に「作為」なのである。にもかかわらず、芸術が芸術であるためには、いわば「作為」でありながらあたかも「自然」であるかのように現れ、そういうものとして受容される、ということが必要なのである。このことを分かりやすく例示する話として、美や芸術の背後にある哲学的問題を論じたイマヌエル・カントの『判断力批判』（一七九〇年）の中に、次のようなエピソードがある。

詩人たちがこよなく賞賛してきた中でも、静かな夏の宵、やわらかな月の光にひっそりと浮かびあがる木立の中から聴こえる、うっとりさせる美しい夜啼鳥《ナイチンゲール》の声にまさるものはない。だがある時、招いた客たちをそうした田園の長閑な雰囲気でもてなそうとした主人が、たまたま夜啼鳥がいなかったので、茂みの中に一人のいたずら小僧を隠しておいたことがあった。その子は（草切れか笛か何かを口に当てて）本物そっくりの音色を真似ることができたのである。ところが、鳥の声が偽物だったと露見すると、さっきまであんなにうっとり聴きほれていた客たちは、もう聴こうとはしなくなった。〔中略〕私たちが美そのものに直接的な関心を抱くためには、美は自然であるか、あるいは自然とみなされなければならないのである。

（カント『判断力批判』第四二節「美への知的関心について」より。訳は筆者による）

これはどういう状況だろうか。カントの活躍した一八世紀は、芸術史的にはロココと呼ばれる時代である。宮廷文化が高度に発展した時代だが、貴族たちの間には「田園趣味」が流行していた。田園といっても本当のアウトドア志向ではなく、人工的に作り込んだ自然のイメージである。典型的なのはルイ一五世時代の宮廷であり、そうした田園風景の中で遊ぶ男女を描いた、ヴァトーやブーシェといった画家による作品を観たことのある人もいるかもしれない。右の話では、客を招いた主人が宴会の後の余興として、自分の庭に来るナイチンゲールの啼き声を聴かせるという趣向を凝らした。ところがその日に限ってたまたまナイチンゲールが見つからなかったので、仕方なく少年に啼き真似をさせてみた。主人はおそらく、悪意から客を騙そうとしたのではないのだろう。けれども、その人工の

アントワーヌ・ヴァトー『シテール島の巡礼』1717年、ルーヴル美術館、パリ

啼き声に客たちがはからずもうっとり聴き惚れてしまったので、人のいい主人は（私の想像だが）種明かしをしないではいられなくなったのではないか。すると、声の正体を知った客たちは興味を失ってしまった、というのである。この節のタイトルにある「美への知的関心」とは、美的経験をもたらすものが「何であるのか」という認識のことである。つまり純粋な感覚的経験のレベルでは、聴こえている音それ自体は同じであるはずだが、その音の原因が何か（本物の鳥か、その啼き真似をする人間か）が重要となるのである。美への関心を抱くためにはそれは「自然であるか、あるいは自然とみなされなければならない」。言ってみれば、もしもこの主人が人が悪くて種明かしをせず、客が騙され続

けているのならば、そのかぎりにおいて美への関心は失われない、ということになる。

さらにこのエピソードに、カントが言及していない一つの情景を補足してよければ、次のようなことも考えられはしないだろうか。それは、啼き真似をしていたのが少年であることが露見し、客たちは最初は驚き落胆するかもしれないが、次の瞬間、自然の啼き声と聴き違える程の彼の技量を称賛し始める、というような情景だ。つまり「芸術家《アーティスト》」の誕生である。それは、たんなる技術であったものを「芸術」として称賛するということによって可能になる。言い換えれば、芸術はそれ自体は技術であり作為であることは明らかなのだが、いわばその「作為」の中にある種の「自然」を見るような、認識のモード転換が起こる、とでも言えるだろうか。より直接的な言い方をするなら芸術とは、文明の中に自然が思いがけない仕方で介入してくる瞬間、そこで「自然」と「人為」とが短絡《ショート》することで発生する、火花《スパーク》のようなものだとも言える。人工知能が芸術を生み出せるか否かという問いは、それが芸術にいかに似たものを作り出せるかということではなく、そうした認識のモード転換、自然と人為との短絡《ショート》が生じるかどうかということにかかっていることになる。もしそれが発生すれば、その瞬間には「騙す」ことは手段としての意味を失ってしまい、したがって美的関心を持たせるために「騙し続ける」必要もなくなることだろう。

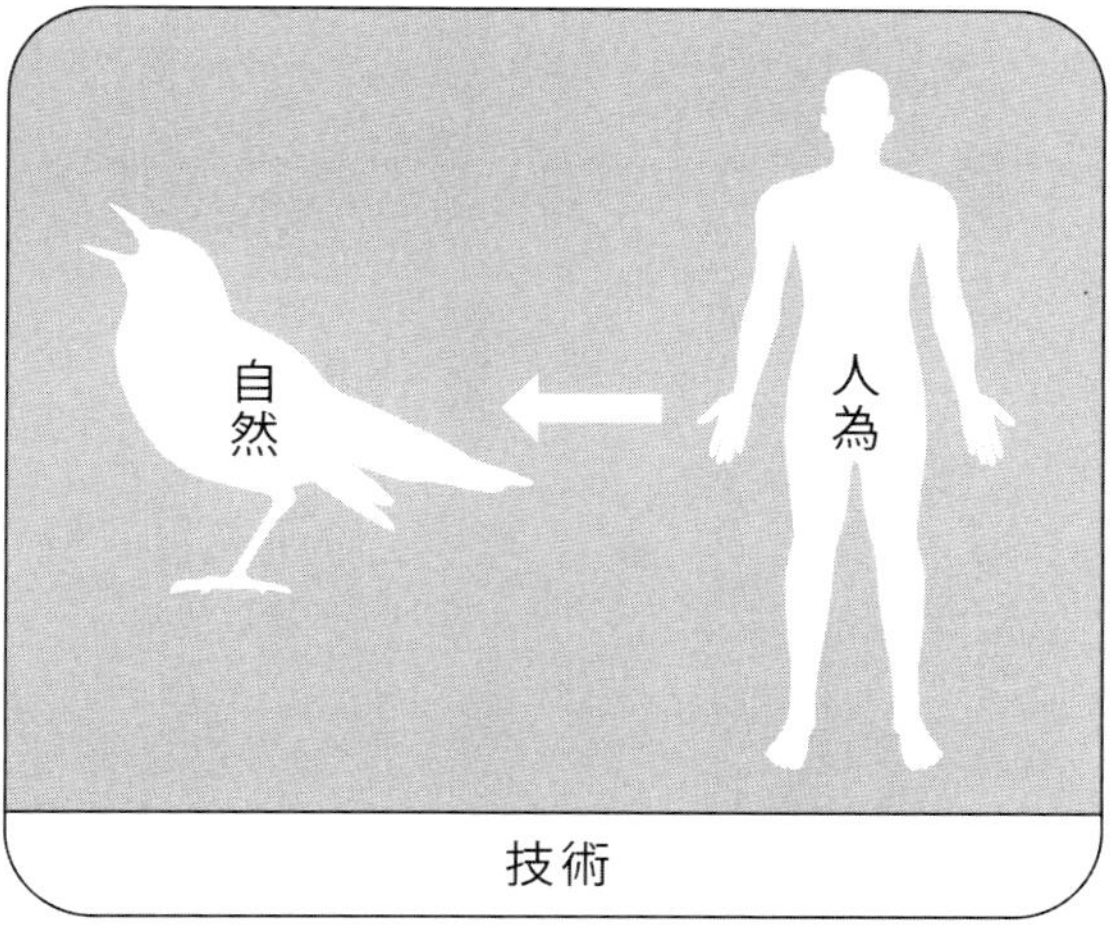
自然
人為
技術

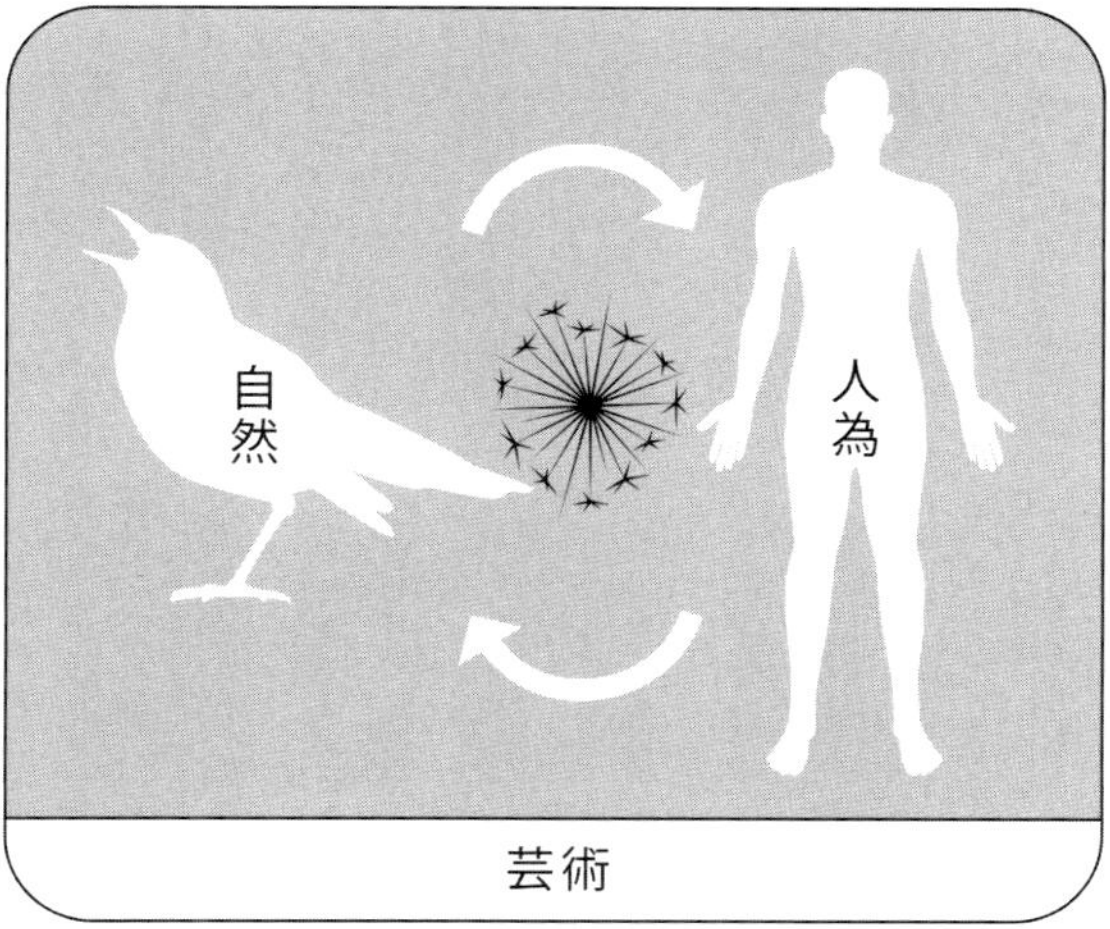
自然
人為
芸術

「賢いハンス」と共に

二〇世紀に入ったばかりの頃、ドイツで「賢いハンス(Der Kluge Hans)」と呼ばれる一頭の馬が広く話題になったことがある。ハンスと呼ばれるその馬はドイツ語を理解し、自然数の加減乗除も、分数の計算もできることを示して、多くの見物人たちを驚かせた。もちろん馬の身体では話すことも文字を書くこともできないので、ハンスはその前脚の蹄で地面に置かれた板をタップし、その回数によって算数の問題に答えたのだが、それはことごとく正解だった。ハンスは本当に人間と同じような知能を持っているのだろうか？この時代にはダーウィンの進化論が今よりも盛んに議論されていたが、もしもそれが正しいなら、人間と他の動物との間には、神の創造行為によって決定的な違いが設けられたわけではないことになる。人間の知能と動物のそれとの間にも、むしろ自然的な連続性があると考えられる。そうだとすれば、優秀な動物を訓練すれば人間と同じ知能の片鱗を示しても、不思議ではないのではないか？

ハンスの飼い主であったウィルヘルム・フォン・オーステンもそう考えた。彼は小学校を退職した数学教師で進化論の熱烈な支持者であり、動物には人間が想像する以上の知能があるはずだと確信して、それを証明しようとしたのである。もちろん、馬が計算などできるはずはない、こんなものは何かのインチキだと疑う人々もいた。一九〇四年に、心理学者のカール・シュトゥンプは、この問題に関する調査委員会を組織して、大真面目にそのトリックを明らかにしようとした。委員会には学校教師たちの他、獣医、サーカスの団長、騎兵隊長、ベルリン動物園の園長といった「専門家」たちが動員された。しかし綿密な調査の結果、どこにも手品のようなトリックを見出すことはできなかった。何よりも飼い主であるオーステンという人物が、人を騙して注目を集めようとするペテン師とは思えず、彼自身がハンスの驚くべき知能を確信していることは明らかであった。

人前で「計算」を披露する「賢いハンス」

だが一九〇七年、もうひとりの心理学者オスカー・フングストが、ついにハンスの「知能」の秘密を解き明かしたのである。算数の問題を、馬を見守る周囲の人たちにもその答えが分からないような仕方で出題すると、ハンスはどうすればいいのか当惑するような反応を示し、答えることができなかった。実は、ハンスは計算していたのではなく、周囲の人間たちが示す表情や身振りの微細な変化に反応していたのだった。たとえば「5＋7＝」のような問題が出されると、ハンスは何か課題が出されたという雰囲気を察知し、前足の蹄を打ち始める。それが一二回目に近づいてくると、見ている人々は「そこだ！」という信号を表情や身振りによって無意識に発してしまう。人間にはこの微妙な変化は読み取れないが、ハンスは敏感にそれを知覚し、蹄を打つのをやめることによって、正解を出すことができたのだ。

いわば「計算して」いたのはハンスではなく、人間だったということである。それでは、人々は「騙されて」いたことになるのだろうか？　だが飼い主自身もそのことを知らなかったのだから、これはインチキではなく、誰かが誰かを騙そうとしていたわけではない。だとするといったい、そこでは何が起こっていたのだろう。結局のところ、ハンスは本当は計算などできない愚かなけものにすぎなかったと言うべきだろうか？　しかしそれはあまりにも人間中心の考え方、人間をモデルにして知能一般について判断していることになるのではないか。あるいは馬が計算できると信じた人間が愚かだったのだろうか。落ち着いて考えてみると、ともかくハンスはちゃんと正解を出していたことは確かなのである。彼は人間には到底及ばないような敏感さで環境の変化を読み取り、結果としてちゃんと正しい答えに到達していた。ただその問題解決のプロセスが、人間の思考とは似ても似つかない仕方だった、というだけではないのだろうか？

賢いハンスのエピソードは、現代の生成系AIと人間との関係についても、私たちが落ち着いて考えるためのヒントを与えてくれる。たしかにAIは日に日に進歩しそのニュースは私たちに驚異（あるいは脅威）の念を抱かせるが、ビックリしているばかりでは何も考えられない。そしてメディアは常に私たちをビックリさせたがっている（その方が視聴率が上がり雑誌が売れるからである）ので、テレビも観ず新聞も読まないハンスに助けを求めた方がいいのではないか。そこで最近ちょっと話題になった、生成AIについての興味深い例について考えてみよう。それは、一見しただけではワケが分からない手書きのメモをChatGPTに読み込ませて、「これを分析して、できるだけ詳しく説明してくれ」と質問したところ、人工知能は「これはクリストファー・ノーランの映画『インセプション』における夢の階層と、そこで起きる出来事を示したダイアグラムです」と即答したという話である。これを聞くと、私たちは賢いハンスを初めて目の当たりにした観衆のように、驚きに打たれるのではないだろうか。いや、それ以上かもしれない。ハンスはせいぜい人間の子供のような計算能力を示しただけだが、ChatGPTは人間をはるかに凌駕する能力を示したからだ。AIがそんなことまで即座に推論できるとすれば、資料の断片からその意味するところを探究すべく努力する私たち人間の研究者は、アッという間に追い越され、お払い箱になってしまうのではないだろうか?

だがちょっと落ち着いてみよう。このニュースに関しては次のような指摘もあったのだ。ChatGPTはたんにその画像をWeb検索して、何人かの人がそれを映画『インセプション』制作のためにクリストファー・ノーランが書いたノートとして紹介していた記事を見出し、その知識を使って回答しただけではないのか。つまり人工知能はこの資料を人間と同じように分析して推論したのではなく、人間がすでに持っていた知識を参照して回答しただけではないのか?と。まさにハンスと同じように、人間とは別な経路で答えに辿り着いたということである。そうだとすると落胆する人がいるかもしれないが、ここでも、私たちは「騙されていた」などと考えるのは適切ではない。ChatGPTは人間の裏をかこうなどとしたのではなく、たんに人間の思考とは違った仕方で問題解決をしただけだからである。賢いハンスや賢い人工知能の振る舞いに、人間的な知能を投影して大騒ぎしているのは、もっぱら私たちの方なのだ。

もう一人のハンス

少し余談になるが、賢い馬ハンスが話題になっていたのと同じ頃、また別な賢いハンスが、精神分析に関心を持つ人々の間で知られるようになった。こちらのハンスは馬ではなく、馬を怖がるようになった人間の幼児である。その症例は、やはりジークムント・フロイトの一九〇九年の論文「ある五歳男児の恐怖症の分析〔ハンス〕」の中で考察されている。フロイトの精神分析はそれまで大人の症例、とりわけヒステリーと呼ばれる症候の原因を究明するという方向に沿って発展してきた。その中で生まれた仮説として、幼児期に始まる「心理性的発達」がある。心理性的発達とは、性的なエネルギー（リビドー）の集中する器官が口唇、肛門から始まって性器へと至る段階的発展を遂げるという考え方であり、その過程で男の子はペニスの有無に関心が向き、エディプス・コンプレックスが形成されるという有名な仮説である。もしも、そうした心的形成過程のただ中にいる「当事者」である五歳のハンス君がこの仮説を証拠立ててくれれば、精神分析理論にとっては大きな進歩となるだろう。これがこの論文の中心的な課題である。

だが大人のような会話のやりとりができない幼児を、どうやって精神分析すればいいのか？　大人の患者のように五歳児を長椅子に横たわらせ、自由連想によって記憶を語るように促すことなんてできない。その代わりにこの論文は、フロイトに代わってハンスに質問する、ハンスの実の父親による報告をもとにしている。この会話は興味深いが、同時に誘導尋問のような、現在の倫理基準からすると言葉による幼児虐待のような印象も受ける。ハンスの恐怖症は、外に出ると馬車を引く馬に噛まれるという観念が中心になっており、会話は自分のペニス（ハンスの言うWiwimacher おしっこを出すヤツ＝おちんちん）への関心、それを切られる（去勢）という不安、自分よりも大きな母親には馬のようなおちんちんがあるはずだという空想、そしてそれが存在しないことをめぐって展開する。たとえば次のようなやりとりがある（「わたし」がハンスの父親）。

わたし：「大きい動物が怖いのはどうしてか分かるかい。大きい動物は大きいおちんちんを持っているからで、本当はおまえは大きいおちんちんを怖がっているんだよ」。
ハンス：「でもぼく、大きい動物のおちんちんはまだ見たことないよ」。
わたし：「でも馬のはあるだろう。馬も大きい動物だ」。

ハンス：「ああ馬のはよく見たよ」。〔中略〕
わたし：「――でたぶん、あるとき馬の大きなおちんちんを見たときに怖くなったんだろう。でも怖がる必要はないんだ。大きい動物には大きいおちんちんがあり、小さい動物には小さいおちんちんがあるのだから」。
ハンス：「で、人間はみんなおちんちんをもっていて、おちんちんは、ぼくが大きくなれば一緒に成長するんだ。だっておちんちんは生えているもの」。
（フロイト「ある五歳男児の恐怖症の分析〔ハンス〕」、『フロイト全集10』、岩波書店、二〇〇八年、三五―三六頁）

ドゥルーズとガタリの『アンチ・オイディプス』は、この賢い子ハンスの発話をエディプス・コンプレックス理論を証言するものとして解釈するフロイトの記述に対して、それは精神分析の力を弱体化させるものであると批判する。たしかに精神分析理論そのものは両義的であって、それは一方では患者の生きる現実の自明性に介入し、それを変化させるポジティブな力を持つが、他方では患者の発話を既存の理論の中に回収してしまい、多様な変化の可能性を閉ざしてしまう。つまり、あたかも患者の心の内部では、理論が予測する通りのことが起こっているかのような見かけが作り出されてしまうのである。

たしかにハンスが「おちんちん」に寄せる関心は、かならずしもエディプス・コンプレックスの形成を証拠立てるものではない。彼は三歳九ヶ月の頃、駅で機関車が水を放出しているのを見て「ほら、機関車がおしっこしてる。いったいどこにおちんちんをもっているのかなあ?」と言ったり、その後で「犬や馬はおちんちんをもっている。机や肘掛椅子はもってない」と考えたりする。ここでは「おちんちん」は彼にとって、エディプス・コンプレックスに関係するものではなく、むしろ世界の中で「生きているもの」をそうでないものから区別する指標として働いているようなのである。

ハンスと同じように、私たちも世界の中で、自分たちと同じような「知性を持つもの」と、そうでないものとを区別しようとしている。けれども私たちは、ハンスにとっての「おちんちん」のような、目に見える指標に頼ることができない。賢い馬ハンスはたとえ人間と同じように計算しなくても、私たちの望む答えに到達できたことによって、人々はこの馬の知性の存在を信じた。生成AIは人間と同じようには言語の意味を理解していなくても——つまりある語の次にどの語が出現するかという確率を計算しているだけ(実際にはそんなに単純なプロセスではないが)だとしても——人間よりもはるかに迅速に最適解に到達することができる。こうした機械のふるまいを見て、「機械は考えているのだろうか」と私たちは考える。けれども結局のところ、私たちは幼いハンスと同じように「機械たちはいったいどこに、人間のような知性（おちんちん）を持っているのかなあ？」と呟いているだけのことではないのだろうか？

第四章　実存はＡＩに先立つ——人工知能の哲学、ふたたび

人工知能とは哲学の問題である

ここまで読んでいただいた方には何を今さらと言われるかもしれないが、本書は人工知能を、たんなる最新テクノロジーの一つとして理解しているのではない。そうではなく、それを哲学的、そして美学的な問題として考察しようとしているのである。しかし、そもそもなぜそんなことをしなければならないのだろうか？　人工知能に限らず、テクノロジーとは一般に科学的探究の成果を技術へと実装し、それを洗練してゆく営みの積み重ねにほかならない。それはとりもなおさず、文明の進歩とほぼ同義と言えるのではないだろうか。もしも特定のテクノロジーに不具合が生じたなら、その改良やバージョンアップによって解決するか、別なテクノロジーによって代替するか、さもなければ法律等でその社会への応用を規制すべきだろう。ようするに、それだけのことではないのか。だとすれば、なぜテクノロジーそれ自体を哲学的に問題化する必要があるのだろうか？　テクノロジーの哲学なんて必要なのか？——これは素朴な疑問かもしれない。

この疑問にとりあえず答えるのは簡単である。私たちには、問うことのできる事柄はどんなことでも、問う自由があるからである。これは、科学と哲学とを通底する自由である。

そしてその場合の問いは、何らかの特定の形式――現在通用している合理的な問題解決の形式――にかならずしも従う必要はない。もちろん問いの中には、そもそも問う価値のない無意味な問いもあるかもしれない。だがそうした問いは持続しないのでやがて淘汰される。こうした観点からテクノロジーに関して、それがどんな目的に役立つのかというのとは別な側面から問いを立てることができる。つまり、私たちの生活や社会に利益をもたらす手段とは別に、テクノロジーとはそれ自体としてそもそも何であるのか？という問いである。このように問いかけることは可能であり、また重要なことだ。というのも、現代においてはテクノロジーについて、文明の進歩に寄与し私たちの生活を向上させる手段として以外の意味については、学校でもあまり教えられないし、テレビや新聞などのマスメディアでも取り上げられることは少ないからである。この状況は考えてみると実に奇妙だが、それには歴史的な理由がある。ひとことで言うなら、私たちがテクノロジーに疑問を持たないのは、私たちの思考それ自体が、長い年月の間に「テクノロジー化」されてきたからなのである。

それはどういうことかというと、産業革命の進展と共に、社会全体が何らかの目標を達成するための有効な手段の探求、つまりテクノロジー的な合理性を基軸として動くようになったということである。そしてそれに伴って、知識や思考もテクノロジーの論理に適合するように組織されてきた。いったいどれくらいの年月をかけてそうなったかというと、西洋世界では約二世紀余りであり、日本で言えば明治以来だからおよそ一五〇年くらいである。この時間は長いと思われるだろうか、それとも短いと感じるだろうか。たしかに個人の人生からすれば長いだろう。いくら寿命が延びたといってもこれだけの時間を一人で生きる人はいない。けれども人類文明を仮に農耕牧畜以降の約一万年と考えてみると、これはそれほど長い時間ではない。わずか五〇分の一である。つまり私たちはごく最近の、その程度の時間に形成された世界観のフィルターを通して、過去のすべての文明を眺めているということになる。そうすると過去は、まるで現代に到達するための未発達な前段階であるかのようにみえてくる。学校で歴史を教わった時には、そういう印象が強かったのではないだろうか。だがこれは「上から目線」というものであって、私たちのご先祖に対してずいぶん失礼な話である。そもそも、文明は進歩するという考え方、現在がその進歩の最先端であるというような「偏見」(とあえて言うが)もまた、比較的新しく作られたものなのである。

哲学的に考えるメリットはそもそもどこにあるのか。その一つは、哲学は常識よりは少し長い時間的射程で、人類文明を眺めることを可能にするという点にある。長いといっても、もちろん無限ではないし、何億年というような途方もないスケールでもない。具体的には、二〇〇〇年に対してせいぜい数千年程度である。人工知能について哲学的に考えてみることの意味は、それを機械的計算機や自動人形《オートマトン》が作られていた二〇〇〇年前からではなく、少なくとも文字言語の使用が人間の精神活動に広範囲に影響し始めた二千数百年程度の時間的オーダーの中で考えることができるという点にある。近代科学技術的、テクノロジー的な思考は基本的に、文明は進歩する（はずだ）という枠組みでものを考えるが、哲学はかならずしもそうではない。反時代的な思考も許容される。もしかすると人類はそもそも進歩などしていないかもしれないといった可能性も、視野に入れることができるのである。

ドレイファスのＡＩ批判

さてそれでは、人工知能とはどのような意味で哲学の問題となるのだろうか。それは、人工知能が人間の「知能《インテリジェンス》」についての、特定の考え方を前提として発展してきたことに、深く関わっている。それは知能を、外の世界が主体に課してくる問題を解決するための能力として理解する考え方である。そしてそれは、形式的な情報処理能力として、一つの独立した能力としてとらえられる。こうした考え方は、人工知能というものが技術的に実現されるよりもはるか以前から、哲学の中に潜在していた。知能とは情報処理による問題解決能力のことである、という考え方自体は哲学に由来する。その意味では、哲学は人工知能のようなテクノロジーに対立しているというよりも、まさに哲学自体の中から人工知能が生まれてきたと言うこともできる。だとすれば人工知能は哲学を逃れることはできない。だが現代の哲学は、人工知能に対して概ね批判的なスタンスを取ってきた。

哲学者による人工知能批判としてもっとも有名な例は、アメリカの哲学者ヒューバート・ドレイファスによる一連の著作である。もちろんそれ以前に、より根本的な意味では、ドイツの哲学者マルティン・ハイデッガーによるテクノロジーとサイバネティクスに関する思索がきわめて重要であることは否定できない。だが多くの人にとってハイデッガーの言葉遣いは(そうなる理由はあるのだが)きわめて特殊なものに感じられ、ちょっと読んだだけでは何を言っているのか分からない(またそれをいいことにハイデッガーを不必要に難解に紹介する研究書も少なくないので困ったものである)。この状況は何とかしなければならないと思うが、本書ではこの点に深入りする余裕はない。

それに比べるとドレイファスの人工知能批判は、より率直で気持ちがいい。彼はまた、一九七〇年代以降のＡＩブームと並走し、その開発者たちとやりとりしながら議論を展開してきたこともあり、その主張に同意するかどうかは別として、一読しただけで論旨は明快である。だが同時に、彼は時として素朴なテクノロジー信奉者を苛立たせるような、挑発的な、時には道化的な身振りも示すことがある。哲学者というものを静かで思慮深い賢者というイメージで考える人は、そうしたタイプの人間は哲学者らしくないと感じるかもしれないが、私にとって哲学者とは（自分も含め）結構オッチョコチョイな人間であり、そこが面白くかつ重要であるとも考えている。たとえばドレイファスはかつて「コンピュータは計算はできるがチェスは指せない」などと主張しながら、一九六〇年代からＭＩＴで開発されていたMac Hackというチェスのプログラムと試合をして負けたという、笑い話のようなエピソードがある。これは後に「ドレイファス事件」（名前をフランス語読みすると「ドレフュス事件」）と揶揄《やゆ》されたりした。だがこの出来事はけっして、ドレイファスのＡＩ批判それ自体の無効性を示す証拠にはならない。哲学者は時としてそうした勘違いをすることがあるが、それは本質的な問題ではないのである。ハイデッガーは『芸術作品の根源』の中で、履き古された靴を描いたゴッホの絵をとりあげ、それを「農婦の靴」として論じた。しかし後にある美術史家が、それは農民ではなく都会人の靴であり、おそらくはゴッホ自身の靴であることを論証した。しかしそれによってハイデッガーの議論が無効になるわけではない。哲学者にはそもそも、夜空を観察していて井戸に落ちたことを女中に笑われたタレス以来、ある種の道化的な側面があって、それはとても重要なことだと私は考えている。

ドレイファスによる人工知能批判の主著は、その名も *What Computers Can't Do*（『コンピュータには何ができないか』、一九七二年）というタイトルである。これは、人工知能研究を推進するスローガンのように使われていたフレーズ「コンピュータには何ができるか」を反転させたものだ。このタイトルだけからすると、コンピュータにはどう頑張ってもできないことがあると断定している本のように聞こえるし、実際読んでみるとそのように読めるようなことも書いてある。だからテクノロジー推進派から見ると反動的な主張、「ラダイト派」（産業革命以来の、機械そのものへの反対派）とみなされたのも無理はない。だが、ドレイファスの問題提起のポイントはそこではないと私は思う。ある段階の人工知能に何ができ何ができないか、また今はできなくても将来できるようになるのかどうか、といったことは、彼の議論において、本当はあまり重要ではない。そうではなく、中心的な問題は人工知能という「ものの考え方」、つまりその根底にある知能観、いわば「哲学問題としての人工知能」にある。人工知能開発の根底にある知能観は、言語や認識や世界についてのある特定の前提に基づいており、そのかぎりにおいては正しいのだが、そのかぎりにおいてしか正しくない。このことを指摘するのが、彼のＡＩ批判の中心的課題なのである。いうまでもなく彼が当時議論していた人工知能は、大規模言語モデルに基づく現在の人工知能とは大きく異なっており、ドレイファスの議論をそのままの形で現代の生成ＡＩに適用することはできない。だがたんに技術的な進歩によって、技術そのものの根底にある根本的な問題が克服されるわけでもない。ドレイファスの指摘は、私たちが現代のＡＩについて考える場合にも知らず知らずに前提としている、そもそも知能とは何かという枠組みについて考えるためには十分役に立つだろう。

ドレイファスは四つのレベルにおいて、人工知能開発者たちが知らず知らずのうちに自明視している、人間の知能についての哲学的前提を指摘する。それは①「生物学的」、②「心理学的」、③「認識論的」、④「存在論的」前提である。簡単に説明してみよう。

①「生物学的前提」とは、人間の脳を構成する神経細胞は——実際は非常に異なったメカニズムで作動しているとはいえ——最終的には電子回路と同じように情報をデジタルに処理している、あるいはそうしたデジタル処理に置き換えることができるという前提であ

る。

②「心理学的前提」とは、私たちの心あるいは精神が、何らかの形式的な規則に従ってそうした情報処理を行なっているということである。哲学において「カテゴリー」と呼ばれてきたものはコンピュータにおける「プログラム」に相当し、いずれも外界から感覚器官＝入力装置を通ってきたデータに何らかの形式的操作を加えて知識を生成するという点で、同じものだと考えることができることになる。

③「認識論的前提」とは、およそ知識と呼べるもの、私たちが理解可能な事柄はすべて、結局は論理的関係に還元できるということだ。知識は言葉によって表現される。実際には曖昧な言葉もあるが、言葉で言い表せるかぎり、それは論理的に明確な仕方で言い替えることができる。だとすればすべての思考は論理計算に置き換えることが可能なはずである。

最後の④「存在論的前提」とは——もちろん人工知能開発者がそうした存在論を意識しているわけではないが——いちばん「ぶっ飛んだ」ものかもしれない。つまり、デジタル・コンピュータとみなしうる人間の心にとって、世界とはバラバラな事実の集合であり、言い換えれば世界それ自体の中には意味は存在しない。知能はバラバラな事実間に論理関係を与えることによって知識を生成し、それによって知的な行動を可能にするものだ。この「世界それ自体には意味がない」という前提は、後述する実存主義と共通する理解である。

人工知能の哲学は退化した？

さて、知能に関するこれらの前提について、私たちはどんな感想を持つだろうか。このように明確に言葉で意識したことがなかったとしても、知能とは論理的操作の能力であり、心とはコンピュータのようなものだという考え方には、多くの人はある種の説得力を感じるのではないだろうか。つまり私たちは、ドレイファスがこれを書いていた一九七〇年代のＡＩ開発者に近い、無意識の哲学的前提の中に生きているのかもしれない。だとすると、当時コンピュータの専門家たちに向けられたドレイファスのＡＩ批判は、現代では私たち全員に向けられていると言うこともできる。一九七〇年代の一般読者の多くは、心とはコンピュータであり思考とは論理計算であるなどと言われてもおそらくはピンと来ず、そんなことはＳＦの中の話だと思ったことだろう。一方現在の私たちがなぜそうした前提をやすやすと受け入れているかというと、それは一つには私たちが日常的にパソコンやスマートフォンのような情報機器に接しており、それらなしには仕事も生活もできないような環境に適応してしまったからである。いわば私たちは、情報処理マシンの有効性を前提とした生活を送ることを通じて、機械か人間かを問わず知能とは情報処理であるという哲学的前提を、無意識に受け入れていると言える。コンピュータとインターネットの普及は、もちろんふつうの意味では仕事の効率や生活の利便性を向上させた文明の進歩である。だがその反面、テクノロジーとは私たちにとって何なのかを根本から問い直すことを困難にするような状況も作り出してしまった。役立つこと、有用性は、テクノロジー自体の姿を隠すのである。スマートで高性能な機械たちに取り囲まれていると、そもそも機械とは何かという問いが存在することすら、私たちは忘れてしまう。

このことは、テクノロジーと人間の関係に関わる一つの重大なパラドックスを指し示している。それは、テクノロジーが進歩し洗練されてゆくのに反比例して、そのテクノロジーの本質がとらえにくくなってゆくという状況である。ある意味、昔の人たちの方が機械についてよく考えていた。私たちがフランケンシュタインの怪物や、二〇世紀前半のSFに登場するロボットたちに美的な魅力を感じるのは、たんにノスタルジーだけによるものではない。それら初期の人工物たちは無骨で不完全な存在であったが、そうであったからこそ、彼らの姿には人工的存在とは何なのかという問いが、言わば剝き出しの形で現れていたからである。それに対して現代のＳＦに登場する人工物の多くは、より洗練され人間と区別がつかない高性能な存在であるが、そこではテクノロジーに関する根本的な問いはかえってみえにくくなっている。テクノロジーは進歩したが、それに関する哲学的問題は解決されたのではなくて、たんに忘れ去られただけなのである。だから、フランケンシュタインはまだ死んでいない。それは過去のものとなったはずなのに、いまだに私たちは人工知能に対してフランケンシュタイン的な不安、機械が人間を乗っ取るのではないかという不安を無意識に抱いている。いわば、忘れられたものが戻ってきているのである。その意味で、ドレイファスの時代における人工知能と現在のそれとは状況が異なるにもかかわらず、彼の人工知能批判を再考することには意味がある。人工知能の哲学に関して、私たちはこの半世紀何も解決しておらず、進歩もしていないと言っていいからである。むしろ、テクノロジーが進歩したことによってその根底にある形而上学的前提が隠されてしまい、それによって人工知能の哲学は、半世紀前よりも後退していると言えるかもしれない。

哲学が人工知能に対峙する時、ともするとそれはヒューマニズム的な人工知能批判――つまりテクノロジーにはしょせん「本当の」「生きた」知性は実現できない――というような主張の形をとることが多い。だが「本当の」「生きた」知性とは、いったい何のことなのだろうか？　それは人間あるいは自然の生物だけが（神様によって？）付与された、何らかの特権的な能力なのだろうか？　ここにもまた、フランケンシュタインの亡霊が顔を覗かせているようだ。それでは逆に、人間は人間であるという理由だけで「本当の」「生きた」知性を持っていると言えるのか？と怪物は私たちに問いかけているように思える。そうした問いから目を背けるべきではないだろう。私たちが求めるべきなのは、むしろヒューマニズム的ではない人工知能批判、あるいはテクノロジー批判の可能性である。私たちは人工物に対峙するのではなく、むしろ人工物と共にテクノロジーの根底にある形而上学的前提を自覚し、それを深く思索する道へと進むべきなのではないだろうか。ある意味でハイデッガーは彼独自のやり方でそれを行なったと言ってもいい。ドレイファスは人工知能開発の根底にある哲学的な諸前提を明らかにしてゆくことで、より率直な言葉でこの問題を考えようとした。こうした考察は結局のところ、人工知能という領域を超えて、テクノロジー自体が持っている前提へと遡行せざるをえない。

ハイデガーの言葉を借りて言えばこうなる。西洋の形而上学がサイバネティクスにおいて頂点に達したとすれば、人工知能における最近の困難は、工学的限界

（technological limitations）を反映しているというよりも、むしろ科学技術そのものの限界（the limitations of technology）を浮かび上がらせているのである。
（ドレイファス『コンピュータには何ができないか：哲学的人工知能批判』黒崎政男、村若修訳、産業図書、一九九二年、三九一頁）

ここで「人工知能における最近の困難」と言われているのは、ひとことで言うと、人工知能はしょせん記号を論理的に処理しているだけであって、それはどんなに高度化しても実世界における意味の理解には到達できないということである。これは後にスティーブン・ハルナッドというカナダの哲学者によって「記号接地問題（symbol grounding problem）」と名付けられた。「接地《グラウンディング》」というと電気工事のアースを連想するかもしれないがそうではなく、いかにして機械が処理するたんなる記号を、生きた人間が使う言葉のように「地に足のついた」ものにするかという問題である。言ってみれば、機械がある言葉を聞いて「ああ、あれのことか」と分かるようにするにはどうすればいいかということだ。たしかに一九八〇年代までのコンピュータによる自然言語処理は、人間と同じようにこの世界に立脚した知性を実現しているとはとうてい思えなかった。賢い返答をしても、いかにもコンピュータらしいなという感じが伴っていた。だがChatGPTなどの現代の生成ＡＩと対話していると、機械はまるで私たちと同じ世界に「接地」してものを考えているかのように感じられる。つまりドレイファスの言う「最近の困難」とはやはり工学的な限界にすぎず、それは新たな工学的ブレークスルーによって少なくともある程度解決されたように思えるのである。だとすればそれが「科学技術《テクノロジー》そのものの限界を浮かび上がらせている」などというのは言いすぎではないだろうか。

たしかにそうかもしれない。しかしだからといって、ドレイファスの問題提起が現代では意味を失ったとは私は考えない。人工知能という考え方を可能にしている哲学的前提についての指摘は今も依然として重要であると思う。とはいえ、ある時代における特定の技術的困難が、テクノロジーそのものの限界を示しているかのような指摘には同意できない。むしろ、そもそもテクノロジーを批判するために、その技術的限界を指摘するというやり方そのものが間違っていたのではないか、と思う。言い換えるなら、「コンピュータには何ができないか」という問題提起自体が本当は誤りであり（もちろんその方が挑発的で議論を巻き起こすという戦略的意図は理解できるが）、より正確にはむしろ「コンピュータには何でもできるかもしれない、だが……」のような言い方をすべきではなかったかと思うのである。つまり私が言いたいのは、機械と人間との差異を「特定の課題ができる／できない」という「能力」の軸で考えること自体が不毛ではないかということだ。言い換えれば「人間はこれこれのことができるから（機械より）エラい」というような思考パターンそのものが、決定的に無効なのではないかということである。

機械は人間に挑戦しているのか?

なんだかんだ言っても人工知能が進歩して人間に迫ってきているのは明らかな事実ではないか、と反論されるかもしれない。コンピュータは一九六七年に哲学者ドレイファスをチェスで打ち負かしたが、当時のプログラムはより熟練した人間のプレーヤーには勝てなかった。けれども三〇年後の一九九七年、ＩＢＭのスーパーコンピュータ Deep Blue は、アゼルバイジャン出身のチェス世界チャンピオン、ガルリ・カスパロフに勝利した。これはたしかに明らかな技術的進歩であり、国際的に大きなニュースになって、その中でコンピュータはさんざん「フランケンシュタイン」呼ばわりされた。だが、落ちついて考えてみてほしい。これは本当に、機械が人間に挑戦した出来事だったのだろうか？　つまり Deep Blue はそもそもカスパロフと「対局した」のだろうか？

美学的な観点から見ると、チェスや囲碁などのボードゲームにおいてコンピュータと人間のチャンピオンが対戦するという出来事は、ある種の演劇的な仕掛けによって演出され、作り出されていると言わざるをえない。もちろんそうした方が面白いし、人々の注目を集めることは確かだ。盤面を挟んで一方の席には人間が座り、他方の席——通常は人間の対戦相手が座るはずの場所——は不在にしておいて、コンピュータに代わって指し手を代行する人がいたり、何らかの機械的な装置があったりする。この、人間の相手がいるべき場所が空席であるという設《しつら》えが重要なのである。それはあたかも『2001年宇宙の旅』におけるHAL9000の「眼」のように、不気味な効果を作り出す。観戦している私たちはその不在の奥に、沈黙してじっと人間のチャンピオンの手筋を読もうとしているコンピュータの「意識」や「思考」を想像するからである。つまり機械と人間との対戦というのは、何らかの科学的な実験や検証というよりは一種の演劇なのであり、それを行なっている人々が意識しているか否かはともかく、美的な効果をもたらすことが主要な目的となっている。そこからすれば、ドレイファスが昔コンピュータにチェスで負けたことにも、たいした意味はない。人工知能は彼と対戦などしていないからである。彼と対戦したのは、強いて言えば人工知能Mac Hackの開発者やエンジニアたちである。要するに、「機械vs.人間」の対戦という図式自体が基本的にフィクションなのであって、もちろんそれをフィクションとして楽しむ分にはまったく問題ないのだが、実際のところそこには（機械に挑戦しようとする）人間と（それを機械を使って打ち負かそうとする）人間との対戦があるだけなのだ。

「身体性」という拠り所

哲学的な人工知能批判のポイントは「人間だけができて機械にはできないこと」を指摘することにはない。そうではなくて、機械がたとえどんな知的活動を示そうとも、そのやり方が人間とはまったく異なっているということをまず明確にすることにある。人間と人間ではないものを区別するという点では、かならずしも相手が機械でなくてもいい。前章で話題にした賢い馬ハンスも、人間とはまったく異なった方法で「計算」を実行していた。たとえ正解に到達したとしても、この「異なった方法」を取り上げて「それは計算ではない」と言うことは可能である。でもそんなことは、ハンスにとってはどうでもいいことだろう。さて、ハンスは機械ではない。動物と機械とは、人間でないという点では同じだが、生きているという点では動物は人間と同じである。ここで再び「生きている」という状態をどう理解するのかが問題になるが、今はそれを「身体を持っている」こととして考えてみよう。ハンスは私たちと同じように身体を持っている。持っているどころか、私たち人間よりもはるかに敏感な知覚能力を備えた身体を持ち、そのおかげで「計算」することなく問題を解いたのである。それに対して、機械は身体を持っていない。これをどう考えたらいいのか。

いや、ロボットにだってロボットの身体があるではないか、とまた反論されるかもしれない。ロボットの身体には様々なセンサーがあり、駆動装置があり、それらを制御する電子回路もあって、危険を避けたり何らかの目的を遂行するのだから、それは感覚と筋肉と神経系によって活動する私たちの身体とパラレルに考えていいのではないのか、と。誤解されたくないのは、私は「機械はしょせん生物のような身体を持たないからダメだ」と言いたいわけでも、機械の「身体」はタンパク質のような有機物ではないから本当の身体ではない、などと主張したいわけでもないということである。逆に「身体を持たない」ことこそ機械の本質であり、むしろそれが機械の「強み」でもあると考えている。すなわちここで言う「身体」とは、様々な機能を実現すべく統合された物質的装置、というような意味ではないのである。それでは身体とは何か？　なるべく抽象的な表現を避けて言おうとすると、ちょっと妙な言い方になるが、身体とは「どうしようもなくここにあるもの」、あるいは「どうしようもなく私がそこに埋め込まれているもの」とでも言うほかはない。

この「どうしようもなく」というのは、私が選んだわけではなく、誰かが設計したわけでもない、というような意味である。私たちは生まれようと思って生まれてきたわけではなく、いわば「気がついてみたら生まれていた」という仕方でこの世界に存在している。妊娠や出産を親はある程度計画することはできるかもしれないが、生まれた子供にとってはそんな事情は知ったことではない。たとえ将来、遺伝子操作によって綿密に計画された赤ん坊が作り出されたとしても、それを実行した技術者たちにとっては完全に計算されたプロジェクトかもしれないが、生まれた当人にとっては、自分の生がどうしようもない状況であることにはまったく変わりがない。こうした、生が最初から身体に埋め込まれて存在しているというのが、人間をはじめ生き物の一般的な在り方である。さらに言えばその身体は常に新陳代謝などの生命活動を行なうシステムであるから、さらに外部の環境に埋め込まれた形で存在している。私は身体に埋め込まれ、身体は環境に埋め込まれている。私の身体がどこで終わるのかということはけっして自明ではない。ハッキリ自覚することはなくても、馬もペットの犬や猫も、他の様々な動物もそのような在り方をしていることを私たちは身体では知っている。だから基本的な共感が生じるのである。逆に人形や人型のロボットはそうではないことも私たちは知っているが、その外観からあたかも自分と同じような身体を持つかのように想像する場合もある。

私たちが身体に埋め込まれているということは、私たちの知能も身体と不可分であるということである。私たちが何かを「知っている」、あるいは何かが「できる」という時、その知識や能力は身体を通して到来するのである。だから私たちは、自分がなぜあることを知っているのか、なぜあることができるのかは知らないとも言える。ただし知識や能力の中には、身体への埋め込みから独立した部分、記号操作として身体から分離できる部分も存在する。これが、機械と人間とに共通した知能の領域である。こちらに関しては、私たちは自分がなぜあることを知っているのか、なぜあることができるのかを明示的に説明できるし、そこから形式的な規則を取り出すこともできる。私たちが普段漠然と知識とか能力とか呼んでいるものを、身体への埋め込みの有無という観点から区別して考えてみることはとても重要である。そしてこの二種類のあり方は対等ではない。実在する世界の中では身体と不可分な状態がほとんどなのであり、記号論理的な操作として分離されるのは、その中のごく特殊な一部分にすぎない。しかしここで、人間には一種の錯覚が生じる。記号による知識は世界のあらゆるものを意味することができるので、あたかも記号が世界を覆い尽くしているかのように錯覚するのである。たとえば私たちは古典力学によって惑星の運動を説明できるために、まるで宇宙全体が形式的規則に従って運動しているかのように勘違いしてしまう。自分が見出した規則によって物質的自然を説明できることは私たちに万能感を与えるが、規則は私たちが自然を理解するために役立っているだけであって、いわば自然自身（？）にとっては知ったことではない。これに関してドレイファスは面白い言い方をする。

惑星は太陽の周りを回っているとき、微分方程式を解きながら回っているのではない。

（ドレイファス、前掲書、三二八頁）

惑星も人間も同じことである。これを自然言語の問題に置き換えるなら、私たち人間は言葉（とりわけ母語）を話す時、文法規則に従って喋っているわけではない、ということになる。文法規則は、言語活動を現象として理解し説明しようとする時には役に立つ。外国語を学び始める時には文法の知識は不可欠である。しかし母語の場合や、外国語であっ

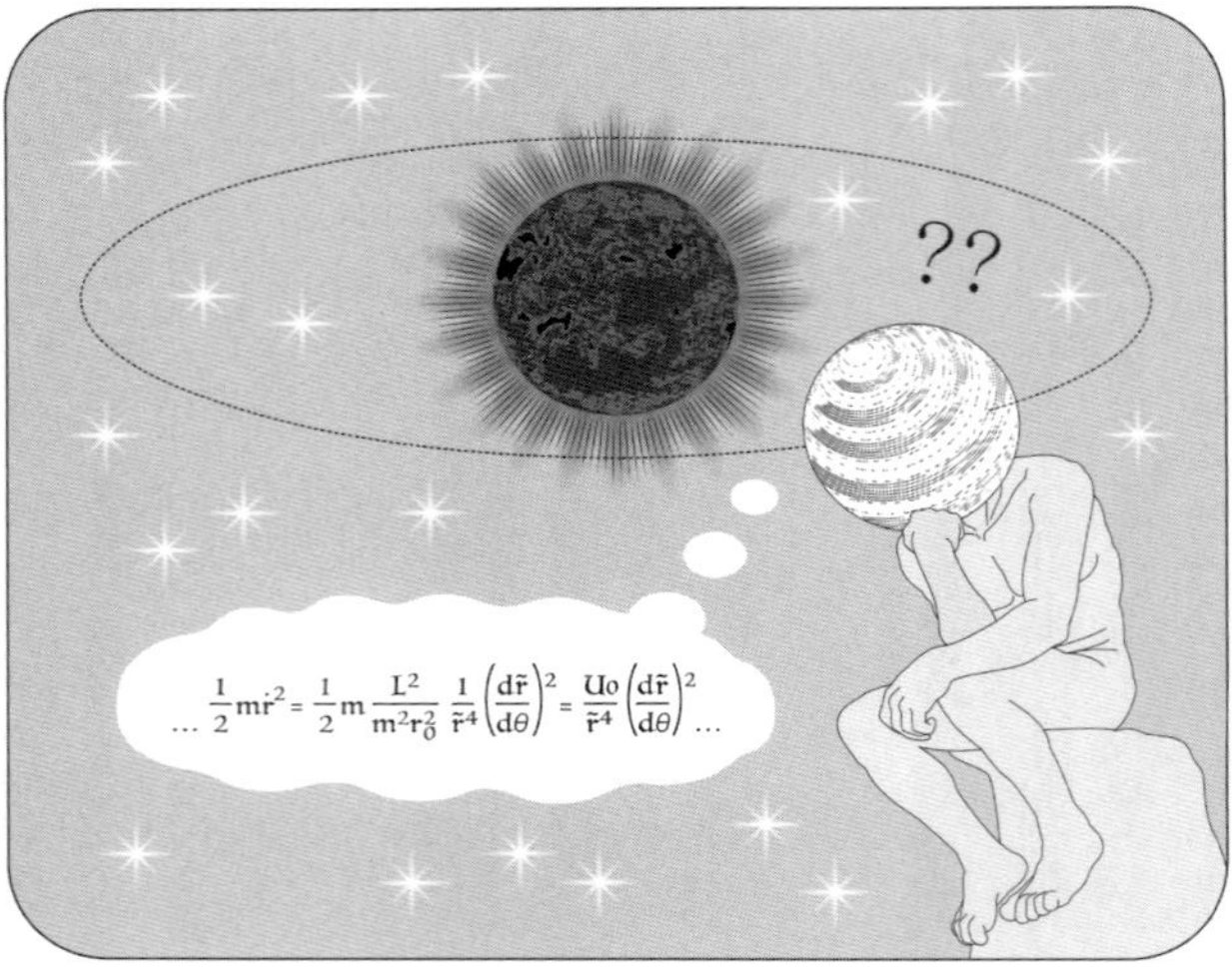

「惑星は太陽の周りを回っているとき、微分方程式を解きながら回っているのではない」

てもきわめて熟達した段階（知識が身体化された段階）においては、規則は不要になるというか、身体に埋め込まれたものとして作動する。人間と同じように話す機械を実現するには、人間と同じようにその存在が身体に埋め込まれた状態が、機械において実現されなければならないだろう。だがそれは、機械の定義からして不可能である。したがって自然言語を特定の規則の集合として実現するという初期の人工知能の企ては、出発点において失敗している、というのがドレイファスの主張だ。ただこの「失敗」とは、いったい何を意味するのか、それは考えてみる意味がある。人工知能の言語的な挙動は、いくら人間に近づいてもやはりどこか違う、違和感がある、不気味であるといったことなのだろうか？不注意な人は騙せても、見る眼を持つ人は騙されないということか？ここに、私は大きな疑問を抱くのである。これではまるで、チェスのようなゲームでは人間に勝っても、より創造的な活動（芸術？）においては機械はやはり人間に及ばない――「チューリングテスト」に合格しない――ということに帰着してしまうからである。機械が身体を持たないということは、かならずしもそれが工学的な限界に突き当たり「失敗」を帰結するとは限らないのではないだろうか。

鏡としての人工知能

機械にはその定義上、身体がない。それは機械の欠陥でも限界でもなくて、むしろ身体がないからこそ、機械は人間よりも優れたパフォーマンスを発揮できる。人間の身体に似せたロボットの筐体は、機械の身体ではない。だが別な観点から見るなら、かならずしも人間の姿をとる必要のない機械を人型にすることは、人間の身体性を反映しているとも言える。機械はそれとはまた別な形でも、人間の身体性を反映することがある。人間が過去に生み出した膨大な知識の痕跡を利用することで、身体性に基づいたかのようにみえる知識を、超高速かつ莫大な規模で生成することができる。それが、大規模言語モデルに基づいた現代の人工知能が行なっていることである。そこでは、ドレイファスが「失敗」と考えていた限界は、ある意味で克服されていると言っていい。人工知能は人間のそれと区別がつかないような知的なふるまいを示すからである。ドレイファスは再びチェスに負けた。けれどもそれは、人工知能自体がついには身体を獲得したからではない。その点では、ドレイファスの批判の根幹部分は、今も変わらず有効である。現代の人工知能が示す驚くべきパフォーマンスの中に私たちが見ているものは、機械から生成した知性ではなく、人間が過去に生み出した膨大な量の情報が、人間には絶対に不可能な仕方で、分類され統合され予測されて組み合わされた結果である。機械が出力する文章や画像が、まるで人間のそれと同じようにみえるのは、人工知能が利用する知識に人間の身体性の痕跡が存在しているからなのである。身体のパーツを縫合する代わりに、外部化された膨大な知識の断片を組み合わせるという意味で、AIは一段階抽象度の高いフランケンシュタインかもしれない。人工知能と対話する私たちは、本当は機械と対峙しているのではなくて、ある特殊な仕方で私たち自身と向き合っていると言える。

もちろん人間も過去の人々の残した知識の痕跡から学ぶことを通して、知的に成長する。そのかぎりにおいては、人間も人工知能も同じである。違いは、人工知能が学習する知識の量や処理速度が、人間的な尺度をはるかに超えたスケールを持つという点にある。逆に機械の方から見ると、人間はきわめて限られた処理能力しかないにもかかわらず、これほど優れた知識形成を行なっていることは驚異的である。人間の子供が母語を習得する時、模倣したり組み合わせたりしながら試行錯誤を繰り返し、成功した経路を強化することで学習する。その点では人工知能と同じである。だが人間の子供が学習するデータの量も処理速度も、機械のそれとは比較にならないくらい限られている。にもかかわらず、なぜ人間は自然言語を習得できるのか？　ここに、身体性の秘密が存在しているように思える。

「どうしようもない」仕方で、能力的にも時間的にも限られた、この壊れやすくはかない身体に埋め込まれているという状況の中に、知識の形成を可能にする条件が潜んでいると思われる。これは哲学的に言えば、プラトンに逆らう考え方である。プラトンは、生きている人間とは魂が身体という「牢獄」に囚われている状態であると考えた。身体という牢獄の中では知識も制限された状態にあり、それを捨てて魂だけになって天上界に帰還して初めて、ありのままの真理（イデア）を認識することができる。このように身体とは知識を限界付ける障害であると考え、何らかの仕方で身体を取り去り純粋な知性だけの存在になることを求めるのが、広い意味におけるプラトン主義である。プラトンは遠い昔に死んだがプラトン主義は現在も生きている。これは半分冗談だが、もしもプラトンが現代に蘇ったら、人工知能こそ自分の哲学を具現する装置であると言ったかもしれない。

プラトン主義に対して、身体への埋め込みという状況こそが決定的に重要であり、それを捨てたら何も残らないという立場もある。つまり反プラトン主義で、しばしば「実存主義」とも呼ばれる。哲学史の解説ではないので呼び名にはあまりこだわらないが、「実存(existence)」と訳される概念は人工知能についての私たちの議論に密接に関わるので少し補足しておきたい。実存主義という用語でそうした思想的立場を明確に宣言したのは二〇世紀フランスの哲学者ジャン＝ポール・サルトルであり、そのもっとも有名な言葉に「実存は本質に先立つ」というのがある。「本質」とは普遍的で必然的な真理のあり方であり、それに対して「実存」とは個別的で偶然的な、つまり「どうしようもない」この身体に埋め込まれてしまった状態を指す。西洋近代哲学においては、ニーチェ、キルケゴール、ハイデッガー、そしてもちろんサルトル自身が代表的な実存主義哲学者であり、ドレイファスもそうした系譜に属している。「実存」という立場から見ると、身体から解放された知識というのは端的に無意味である。人工知能ばかりではなく、テクノロジーによって身体をその限界から解放するというアイデア――精神を機械にアップロードして肉体の死から解放される、バイオテクノロジーによって老化や死を回避する、等々――は馬鹿げたものにみえる。したがって実存主義的な思想家は、テクノロジーの進歩そのものを疑いの目で見る傾向が強い。テクノロジーの進歩とは結局のところ非人間化である――これを真に受けると、私たちは、無人島か山奥に行って自給自足の生活でもするしかないような気持ちになるだろう。けれどもほとんどの人にとってそれは不可能なので、テクノロジーに支配された現代文明を横目で見ながらシニカルに生きるしかなくなってしまう。

だが、テクノロジーはひたすら非人間化の方向に進むわけではないのである。テクノロジーを人間のために役立てようなどと思わなくても、テクノロジーが善悪を超えてひたすら進化し変容してゆく過程で、人間とその身体はまったく別な――ある意味で怪物的な――姿をとって回帰してくる。その結果私たちは発達したテクノロジーの中で、自分自身の姿に対面することになる。人間にとってテクノロジーとは、ある意味では鏡であり、また底しれぬ深淵でもある。その中に私たちは、途方もなく増幅され変容された自分自身の身体性や欲望を見ることになる。たしかにそれは恐ろしい経験でもあるが、同時に知的に深く魅了されるような側面もある。ニーチェの次のような断章を思い出さずにはいられない。

怪物と闘う者は、闘いながら自分が怪物になってしまわないようにするがよい。長いあいだ深淵を覗きこんでいると、深淵もまた君を覗きこむのだ。

（ニーチェ『善悪の彼岸』「一四六　怪物との闘い」中山元訳、光文社古典新訳文庫、二〇〇九年、一八五頁）

能力至上主義の黄昏

人工知能がこれからどうなってゆくのか、それは私には予想できない。けれども人工知能に対面することによって、人間がどうなってゆくのかは、ある程度考えることができる。人間とは何か、人間が自分自身をどのように理解するかということが、人工知能に向き合うことでかなり変容してゆくだろうと思う。そして私にとってはこちらの方が、人工知能に何ができるか、それが社会にどんな影響を与えるかといった問いよりも、より根本的な重要性を持っているように思われるのである。

人工知能が話題になり始めた一九六〇年代以降、およそ六〇年あまりの歴史がある。だが二〇世紀の間は、それは主として専門的研究者にとっての問題であり、多くの人にとってはSF的な空想の中に登場する存在だった。今世紀に入って初めて、人工知能はにわかに多くの人々にとって、実際上の関心を集めるようになった。その理由はもちろん、現代の人工知能が示す驚くべき「能力」にある。特に自然言語による対話が可能になったことが大きい。この目覚ましい能力のために、ＡＩが人間を超える、支配する、やがては人類に取って代わる、などといった大時代的な物語がセンセーショナルに語られ、本当らしく思えるようになった。もちろんこうしたお話は、人工物を人間のライバルとみなす根拠のない妄想――フランケンシュタイン・コンプレックス――に基づくものであり、一種の「お化け話」である。だがそのことをいくら説明しても、この種のお話はなかなかなくなることはない。バカげたことだと知っていても、人間はお化け話が好きだからである。だからそうしたお話はよく売れる。しかし厄介なのはお化けではなくて、お化けの影に隠れて金儲けを企んでいる人間である。このことは、本書をここまで読んでいただいた方には明白であろう。

ここではお化け話ではなく、もう少しマジメに考えてみたい。生成ＡＩの示すこの驚くべき「能力」こそが、私たち人間がそれを通して他ならぬ自分自身と直面し、人間とは何かを新たな仕方で問いかけるきっかけとなっているのである。このことに関しては、かならずしも現代の生成AIに限られるわけではない。先述した通りそもそもテクノロジーそれ自体が、人間にとって便利な道具・手段であると同時に、人間の内部に潜む欲望を映し出す鏡のような存在だったのだ。とりわけ現代のテクノロジーは、人間の欲望の姿をかつてないほど増幅・拡大し、それを怪物として実体化するような段階に至っている。核兵器はなぜ存在するのだろうか。合理的には、それは巨大な破壊力を保有し合うことによって戦略的な抑止力を実現するために製造されると言われる。だが美学的な観点からすると、核兵器とはフロイトの言う「タナトス」——無意識の中にある、死と破壊に向かう衝動——に現実的な姿を与える「作品」として現れていると見ることができる。さらに言うなら、装置としての核兵器だけではなく、そもそもそれを運用する核戦略理論が、それ自体はたしかに合理的な推論の帰結でありながら、全体としては狂気へと到達する不条理な「物語」として読むことができる。それでは人工知能はどうだろうか。人工知能において人間の欲望は、途方もなく増幅され加速された知的処理という姿で出現している。そこでは合理的な推論能力が人間的な尺度を超えてあまりに増幅されているために、そもそもそれが何のための能力であったのか、分からなくなってしまうのである。つまり能力の「自己目的化」である。そもそも「能力」とは何だったのだろうか？

ＡＩが脅威であるとされる現実的な理由の一つは、それまで人間が行なってきた仕事を機械が奪うかもしれないという点である。これは産業革命以来、二世紀以上も続いてきた脅威である。これまでも人間は様々な機械を使いながら仕事をしてきたが、そこには「人間にしかできない仕事」の領域が残されていた。だがその領域はしだいに小さくなり、ついに現代の人工知能はこれまで人間にしかできないと思われていた仕事のかなりの部分を代行し始め、しかも桁違いの効率で実行しうることを示しつつある。人工知能はいわば、人間の最後の「既得権益」を脅かしつつあるわけである。たしかにこれは現実的な問題ではあるが、長い目で見れば文明の重要な転換点を暗示しているということもできる。それは他の存在が持たない「能力」の中に人間の存在意義を求めようとする価値観が、土台から揺らぎ始めたということを意味するからである。それによってこれまで、とりわけ産業革命以降、私たちの文明が「能力」中心の人間観をあまりにも当然としすぎてきたことが明らかになりつつある。

能力至上主義は、現代の私たちの日常生活や社会問題の中に露骨に見ることができる。

たとえば加齢《エイジング》は自然なプロセスであるのに、私たちはそれに逆らい、身体や脳の「能力」をできるかぎり長く維持しようと必死である。アンチエイジングの様々な方法を提供する膨大な市場が生まれているが、それはどうみても、若く元気でいたいという自然な願望を超えて明らかに過剰である。より深刻な社会問題の一例としては、二〇一六年に起こった、神奈川県相模原市における障害者施設殺傷事件をあげることもできる。事件そのものの衝撃もさることながら、それが多くの人に強い不安を掻き立てたことを記憶している方もいるだろう。もしもこれが狂人による異常な猟奇殺人にすぎなかったら、たとえ事件自体は恐るべきものでも、私たちは自分自身の内部にあれほど不穏なものを感じることはなかっただろう。この事件の特異性は、それがまるで私たちの無意識を言い当てているように感じられた点にある。犯人は、自分の名前も言えず応答もできないような障害者には生存する意味がないという、きわめて「合理的」な理由に基づいて殺害を行なった。意思疎通の能力すら失った人間は安楽死させるべきと考えたからであり、呼びかけて自分の名前が言える人は殺さなかったと言う。この冷静さは、狂気にかられた衝動的虐殺よりも恐ろしい。犯人はそのことをあらかじめ政府の指導者たちにも予告して承認を求めており、犯行後もまったく信念を変えなかった。

もちろんこんな犯罪は許しがたいと私たちは強く感じるだろう。だが、なぜ意思疎通の能力すら失った人間に生きる意味があるのか、私たちは説明できるだろうか。とにかく人道に反するといっても、人道とは何なのかと聞かれると答えに窮してしまう。なぜなら私たちは学校でも職場でも、何らかの能力によってその人は存在を許されるという価値観に支配されているからである。それは裏を返せば、能力を喪失した人は存在する意味がないということである。だからといってもちろん私たちのほとんどはこんな犯罪を実行したりはしないが、根底ではこの犯人と同じ価値観を共有していることになる。だが私たちの多くはそれをハッキリとは意識していない。人間はモノでも機械でもない、人間の価値は能力だけではないと口では言うだろう。けれども現実には、私たちは人間をモノや機械として扱い、能力を至上価値とする世界に生きているのである。具合が悪くなって病院に行っても、私たちは自分の身体が徹底的にモノとして検査され治療されるのを経験する。鬱病など心の悩みがあっても、それは神経伝達の障害であり薬で改善するよう指導される。つまり人間もまた一つのモノであり機械にすぎないことを、しかも「善意」と合理的な手続きを通じて反論できないような仕方で、日々条件づけられているのである。人工知能が人間に取って代わることによって、能力の劣った人間がお払い箱になるという「妄想」（としか私には思えない）は、こうした能力至上主義の延長線上に生まれている。

人工知能の普及に伴う希望は、それが「能力」中心の人間観から脱出するきっかけを与えてくれることである。それによって、人間の自己理解は新しい段階に入るのではないかと期待している。時々聞かれる「人間以後《ポストヒューマン》」という言葉は、ふつうは人間がテクノロジーと合体して人間以上の存在に変容すること、つまり機械と融合することで人間がさらなる「能力」を獲得することを意味しているようだ。だがこのイメージには、正直いってまったく共感できない。私にとってポストヒューマンという言葉が何らかの意味を持つとすれば、それは人間が、近代以降ますます強化されてきた能力至上主義的な人生観・世界観から脱却できるかもしれないという希望にある。これまで人間しかできなかったことが機械に取って代わられるという「危機」が語られるが、それは人間側からの勝手な見方であって、人工知能の側から見るなら、取って代わられるのは人間がそれまでＡＩと同じようなことしかやってこなかったからである。「人間vs.ＡＩ」どころか、私たち自身が実はＡＩだったのだ。私たちは様々な知識やルールを習得し、それを運用する経験を積み、文章を書いたり、要約したり、書類を作成したり、評価を下したりしてきた。それが明示的な基準やルールに従って合理的に行ないうる作業であるかぎり、原理的には人工知能に置き換えることができる。つまり能力至上主義のもとでは、人間はたんに性能の低いＡＩでしかなかったということだ。そうだとすれば、本物のＡＩに追い越されるのは当たり前であり、大袈裟に危機だと叫ぶようなことではない。生成ＡＩの可能性は、何よりもそれが人間自身が行なってきた知的活動のあり方に関して、根本的な反省を促すという点にある。重要な問題は技術に何が達成できるかではなくて、私たち人間自身がこれまで何をしてきたのかを再考することなのである。

機械が意図を持つこと

哲学問題としてテクノロジーと人工知能を語るこの章の最後に、どうしても触れておきたいトピックがある。それは「意図」や「目的」に関する事柄である。機械はその定義上、意図も目的も持たない。これまで人間に利用されてきた様々な機械も、それを使う人間は何らかの意図を持つが、機械にとってはそんなの知ったことではないだろう。だが、複雑な知的挙動を示す現代の人工物が、まるで意図を持っているかのように私たちは感じることも事実である。少なくともフランケンシュタインの怪物から『２００１年宇宙の旅』のHAL9000まで、空想の中の知的人工物たちは意図を持つものとして描かれ、それは私たちの強い関心を惹きつけてきた。そして現代の人工知能も、まるで意図や目的を持っているかのような挙動を示すという点に、不気味さを感じている人もいる。だが、何かが意図や目的を持つとは、そもそもどういうことなのだろうか。

「機械は意図や目的を持たないが人間は持っている」と私は気楽に言ってしまったが、そもそも人間は本当にそれらを持っているのだろうか？　このことをまず考えてみなければならない。たしかに私たちは意図を持ち目的のために行動しているかのように感じている。しかし自分がなぜそんな意図や目的を持つに至ったかを注意深く反省してみると、私たちがこれをしたい、こうなりたいと願う気持ちは、過去の様々な条件付けや外部からの影響によって、すべて決定されているような気もする。ということは結局、人間といったって機械と同じではないのだろうか。そう思うと失望する人もいるかもしれない。しかし一神教的な世界観に従うなら、人間がしょせん機械にすぎないとしても、それほど困ったことにはならない。なぜなら究極的な意図や目的は、神の中にあるからである。人間は自前の目的など持つ必要はなく、むしろ神の目的を実現するための機械になって働けばいい。それは実際には厳しい人生かもしれないが、ある意味では楽だ。（実存主義者のように）自分で自由を引き受けなくてもいいからである。

もしも人間が機械だとしたら、人間が造り出す機械と造り手である人間自身との間に決定的な区別はない。人工的な機械を造ることは、人間を作ること（子供を産むこと）とほとんど同じということになる。機械が人間に反乱を起こすという不安は、人間自身が創造主である神に反逆する（子が親に反抗する）という不安の投影にすぎないのかもしれない。フランケンシュタインの怪物が、もともと人間に反逆する意図など持っていなかったことを思い出してほしい。機械を人間のライバルとする物語的な枠組みはこれまで「フランケンシュタイン」的と言われてきたが、これはアシモフをはじめとする夥しいサイエンス・フィクション、そしてジャーナリズムの言説を通じて広まった言い方であって、本来は不当なネーミングなのである。というのも、オリジナルのフランケンシュタイン（の怪物）は、人間に挑戦する存在として産み出されたわけではなく、むしろ人間と同じように神の創造行為を実現する器《うつわ》とみなされていたからである。いわば機械と人間との間には、そもそも存在論的な区別はなかったのだ。このことは空想的な物語に限られるわけではなく、人工知能開発前夜の黎明期とも言える一九五〇年、アラン・チューリングが述べた次のような言葉にも、そうした意識を見出すことができる。

そのような機械を製作しようとするにあたって、われわれは、魂をお創りになる神の力を不敬にも侵害してはならない。これは、われわれが子どもを作るときと同じである。いずれの場合も、われわれは、神がお創りになる魂に、その住処《すみか》を提供しようという神の意思を実行する手段なのである。

アラン・チューリング、一九五〇年

（ジョージ・ダイソン『チューリングの大聖堂』吉田三知世訳、早川書房、二〇一三年、四四一頁）

つまりコンピュータも人間も等しく、神の意図を実現するための機械なのである。だとしたら意図や目的といった概念の意味を、私たちはそもそもどこに求めればいいのだろうか。ここでもヒントになるのは現代哲学ではなくて二〇〇〇年以上前の古典哲学である。なぜならそこにはまだ、機械と人間との対立を自明のものとするような形而上学的束縛がなかったからだ。現代の人工知能においても、人間と機械とはいわば融合《マージ》しつつある。生成AIが高速度で自律的に学習している材料とは、人間が作り出した知識である。意識するか否かにかかわらず、私たちが日々何らかの発話行為を行ないそれをネット上に書き込む行為は、AIに思考の材料を提供していることになる。他方AIの出力した情報は、ますます私たちの知的活動に大きく作用するようになるだろう。こうした状況は近代的なテクノロジーの論理を、いわば突き抜けてしまっているのではないか。これは私の妄想かもしれないが、そのことによって現代世界は、ヨーロッパで大規模な産業化がスタートする以前の古典的な世界観に、むしろ親和的なものになりつつあると感じられるのである。

機械と人間との境界が曖昧になりつつある世界において、創造神に訴えることもできないとしたら、目的という概念をどう考えればいいのだろうか。カントは先述の『判断力批判』の中で、自然が目的を持つとはどういうことかを議論している。カントにとって自然とは人間の身体をも含め、法則に従って作動する機械であって、目的を持たない。だが生き物の身体のように複雑に構造化された自然＝機械は、あたかも目的を持って作られたかのようなものとして現れる。それをどう理解すればいいのか、という問題である。

［私たちは家を建築するために石を利用するが］だからといって、石が家を建てるために役立つべく定められていたと言うことはできない。ただ眼については、私は眼が見るために役立つべく定められていたと判断するのであって、たとえ眼の形状や、眼のすべての部分の性状、それにそれらの組成が、単に機械的な自然諸法則に従って判定

される場合、われわれの判断力にとってまったく偶然的であるとしても、それでも私は眼の形式や構造において、〔眼が〕ある種の仕方で形成されていることの必然性を、つまりこの器官の形成原因に先行するある概念に従う必然性を考えるのであって、この概念がなければ、この自然産物の可能性はいかなる機械的自然法則に従っても私にとって把握不可能なのである。

（カント『判断力批判』「第一序論」X「技巧的判断力の原理の探究について」宇都宮芳明訳、以文社、二〇〇四年、四一一―四一二頁）

ここでは一見、たんなる物質（石）と有機的生命の一部（眼）との対立が決定的であるように思える。しかしそれは、この時代においては人工物が有機的自然に匹敵するような複雑性に到達することが想像しにくかったからであって、それほど重要な問題ではない。重要なことは、自然法則という観点から見ればたんなるメカニズムにみえる構造体が、別な見方をすれば目的を持って組織化されているとしか思えないということである。機械論的に見ればただの偶然の産物であるものが、別な観点からは目的に従う必然的結果として認識される。この「別な観点」のことをカントは「反省的判断力」と呼んでいる。それは、既存の明示的規則を機械的に何かに適用する判断力（規定的判断力）ではなくて、判断する主体と対象との間に何らかの反省《リフレクション》（反射）が発生し、その反省作用によって駆動される判断力である。

反省的判断力にとって、自然と技術との区別は本質的なものではない。現代の科学は、自然が私たちの予想を超えて複雑で精妙なメカニズムで作動していることを解明しつつある。と同時に、大規模言語モデルに基づく人工知能は、人間の言語活動を元にして、たとえば眼の形成過程に多少とも匹敵するレベルの複雑性に到達している。自然であれ人工物であれ、その挙動は機械的原理に基づいているにもかかわらず「いかなる機械的自然法則に従っても把握不可能」である。神秘的な力はどこにも働いていないはずなのだが、ＡＩがなぜこれこれの出力をするのか、完全に決定論的に説明できる人は誰もいない。だがシステムに特定の変更を加えることで出力にある傾向が見られるといった、操作的な知識を蓄積することはできる（馬の中で本当は何が起こっているのかを機械的に説明できなくても、馬を訓練し乗馬に熟練することはできるように）。そうしたことを考えてみると、現代の技術的人工物を古典的な意味で「機械」（自然あるいは人間に対立した存在としての）と呼ぶのは、本当は不適切なのだろう。カントの「反省的判断力」を現代テクノロジーの文脈において理解することができれば、機械の知性、機械の目的といった問題は、哲学的には二世紀以上前にすでに解決されていたことが分かるかもしれない。

第五章　現代のスフィンクス——人間とは何か？とＡＩは問う

ロボットの娘とAIアイドル

手塚治虫の『火の鳥』は、長い歴史を行き来する壮大な物語のシリーズだが、とりわけ一九六〇年代の終わりに書かれた「未来編」の時間スケールはすさまじい。前半の舞台は、人類がすべて地下の巨大都市に住む三五世紀の未来、各都市の政治はすべて人工知能（この場合は巨大コンピュータ）に任されている。ところが異なった都市の人工知能同士のやりとりが決裂し、人間はそれを止めることができず核戦争になってしまう。そのために地球上の全生命は滅亡するが、火の鳥によって不死身の身体にされた主人公山之辺マサトだけは生き残る。彼がなぜ不死身にされたかというと、放射能の影響が消滅した海でもう一度太古の原生生物が誕生し、最後にはふたたび人類が登場するまでの何億年にも及ぶ生物進化を見守るという、気の遠くなるような任務を背負わされたからである（どうして見守らなきゃならないのかはナゾだが、たぶん神様のような役目なのだろう）。最初は、この世界に自分しかいないという孤独感に耐えられず、何度も自殺を試みるが死ぬことができない。それで彼は、自分を慰めてくれるロボットを作ることにする。その頃マサトはすでに何千年も生きて長い白髪を蓄えた仙人みたいな風貌になっているのだが、彼が制作するロボットは若い女性の姿である。だが何百体作っても、ロボットの娘は狂った言葉を発して暴れ回るだけで、彼の話し相手にはなってくれない。それで今度は、細胞を培養して生物工学的なやり方で人造人間を作ることにした。またしても若い女性の姿である。だがやはり人工の女も、マサトが望んだような知能に達することはなく、失敗に終わる（もっとも人工知能としてみれば、それらロボットも人造人間も――彼の望み通りではないにしても――かなりよく出来ているように思えるのだが……）。

マサトが自分の女性パートナーを人工的に作ろうとするこうした試みは、まだ核戦争が起こる前に彼が出会った猿田博士という人がすでに行なっていたのである。若いエリート軍人であるマサトは、禁じられた宇宙人の恋人と暮らしていることを咎められ、二人で地下都市を脱出した。そして環境破壊で荒廃した地上で生死の境を彷徨っている時、この猿田博士に救出されたのであった。博士は地上のドーム型施設に住む世捨て人の天才科学者であり、自作のロボットや人工生物たちと暮らしていた。彼の制作したロビタというロボットは、『禁断の惑星』のロビーの系譜を継ぐ機械的な姿をしているが、完璧な知性と細やかな心を持っている。また博士が作った人造人間の青年も、チューブの中でしか生きられないという限界がありながら、聡明で豊かな感受性を持っていた。この猿田博士が、過

手塚治虫『火の鳥』「未来編」より　©手塚プロダクション

去にはやはり若い女性型ロボットを制作していたのである。それは自分が女性には見向きもされないからで、人間の恋人の代わりとして作ったのだ。けれども彼女らがプログラムされた通りに優しく自分に話しかけると、博士はそのことに耐えられず（けっこうワガママだ）、すべて倉庫に入れてしまった。

小学校高学年の頃、この物語を読んで私がもっとも強烈なインパクトを受けたのは、今から考えてみると、機械あるいは人工物と性的なものとの密接な関わりというテーマであった。それはこのマンガに限らず、その後も数えきれない空想物語の中に見出すことができた。多くの場合、人工物は若く美しい女性であり、造り手は性的魅力を欠いた男性である。猿田博士という人物は手塚治虫の世界に繰り返し登場する、美しい心を持ちながら醜い顔であるがゆえに女性から疎まれるという、ロマン主義文学的なキャラクターである。名前の由来はおそらく日本神話の猿田彦であり、特徴はその巨大な鼻で、これはシラノ・ド・ベルジュラックの引用、そして作者の物語的な分身でもあるのだろう。一方マサトはイケメンの青年なのだが、不死身の身体にされて何千年も生き、もはや人間離れした老人の姿になっている。そうした登場人物が、人間の女性の代わりに、機械的なロボットや人造人間のパートナーを作ろうとするわけである。人工物の女性ならば自分の醜さをいとわず好きになってくれる（と思った）からだ。だが猿田博士が最初に作った女性型ロボットのように、設計した通りに自分を好きになってくれたからハッピーかというと、そうでもないらしい。それはなぜだろうか。美しい人工物の女は、彼女が従順であればあるほど、男の性的な欲望やファンタジーをそのまま映し出すことになる。それによって男は、いわば自分自身の姿と対面することになり、それに耐えられなくなるのである。とりわけ猿田博士のように自意識の強い人物はそうなるだろう。もちろん一方では、相手がロボットだって別にいいじゃないか、と考える能天気な人もいるかもしれない。男の性的欲求やファンタジーの構造は、どうせそれ自体がわりと機械的で単純なのだから、相手が生身の女であろうが人工物であろうがたいした違いはない、と。その気持ちも分からないでもない。

人工知能と芸術というテーマを扱った講義をしていて、ＡＩアイドルについての議論が学生たちの間で盛り上がったことがあった。雑誌のグラビアに登場する魅力的な女性のイメージが、もしも生成ＡＩによって作られたものだと分かったら、それを見る気持ちに何か変化が起こるか、という問題である。第三章で取り上げたカントの『判断力批判』のエピソードでは、ナイチンゲールの啼き声が人間による啼き真似であったことが分かると、賓客たちは興味を失った。本物の自然ではなかったと分かって失望したのである。ＡＩアイドルの場合は、その美少女のイメージが実空間におけるいかなる個人にも対応していないという点がポイントとなる。それは、いくら好きになっても、会うことも恋人にすることもできないことを意味する。けれどもそんなことはまったく問題ではない、と主張する学生がいた。たとえ現実の女性がモデルであったとしても、メディアの中で私たちが見る姿はすでにいろいろな修正や加工が施された人工的イメージである。さらに、ほとんどの人にとって実際にアイドル本人にプライベートで会ったり、ましてや付き合ったりできる可能性はかぎりなくゼロに近い。だとすれば、それが本物の人間であろうがＡＩの生成したイメージであろうが何の違いもない、それどころか自分はアイドルなんて全部ＡＩであった方がよほどスッキリする、というのである。面白い。だがそれに対して、理屈ではそう言えるかもしれないが、やはりそれがＡＩによって生成された人工物だと思うと何か変な気持ちが残る、という学生もいた。たとえ一生会うことがなくても、こういう女の子が世界のどこかにいると信じるから憧れを感じるのであって、男が好みそうな要素を人工知能が学習して作り上げたイメージは、言ってみれば男の欲望のリストを突きつけられているようなもので違和感がある、もっともそれが人工物であることを知らなければ（騙されていれば）、人間のアイドルと同じように感じるのだろうけれど、というような意見だった。

どちらの学生の主張にも共感しながら、私はこの議論を興味深く聴いていた。この議論は女性アイドルの問題に限らないと思うが、あなたはどちらに共感するだろうか。いずれにしてもＡＩアイドル的なものの利用は、今後ますます進んでゆくであろう。なぜならその方が、人間のアイドルを雇用するよりずっと安上がりだからである。アイドルに限らず、私たちは今後ますます、人工知能による生成物を日常的に見たり読んだりする世界に生きるようになることは確実である。そして、自分が今経験しているものが人工物かもしれないという疑いも、しだいに日常的な常識の一部になってゆくのではないだろうか。現在はまだ、人類は人工知能のもたらす広範囲な影響に直面し始めたばかりであり、ちょうど映画を初めて観た一九世紀末の観客のように、過剰反応をしているだけかもしれない。リュミエール兄弟による『ラ・シオタ駅への列車の到着』(一八九五年)の上映では、観客は近づいてくる汽車のイメージに圧倒されてそれを避けようと駆け出したと言われる。もっともこれは誇張された都市伝説だという反論もあるが、いずれにしても新しいメディア経験に人間が強い反応を示すことは確かである。今日では、映画でどんなショッキングな場面を目にしても私たちは常に「これは映画だ」という意識を失わずに観ていられる。それと同じように、やがてはメディア上で目にするすべてのイメージやテキストに対して私たちは常に「これはAI製かもしれない」と意識しながら経験することになるのだろうか。

その場合も、人工物はたんに自然物に代わる対象としてその用をなしているという、単純な話ではない。後者の学生が主張していたように、女性ロボットやAIアイドルは、たんに人間の女性の代わりなのではなくて、それ自体が人間(の男性)の憧れや性的ファンタジーが形をとった存在でもある。人工物の中には、それについての人間の集合的な理解や欲望が反映されているのである。その意味でそれは人間自身の姿でもあり、私たちはいわば私たち自身と対面していることになるのだ。それに直面して、猿田博士のように自己嫌悪に陥るか、そんなことは気にしないかは、たしかに人それぞれだろうが。そうした観点からすると、人工知能もまたたんに人間の知能を代行するものとして存在するのではない。それは同時に、人間の姿を映し出す一種の鏡のようなものとして現れている。だが、それはふつうの鏡ではない。人間の中にこれまで隠されていたものを顕在化し、何倍にも拡大して見せてくれる鏡、つまり自分でも知らなかった私たち自身の姿を映し出す鏡なのである。

AIの制作した「作品」の意味

ＡＩが人間の鏡として現れるのは、性的なファンタジーに関することだけではない。第三章ではＡＩ美空ひばりやネクスト・レンブラントのプロジェクトについて「騙す」という観点から触れた。「騙す」というのは本物を装いその代わりをすることである。だがＡＩの作り出す「作品」はそれに加えて、その作品について人間はこれまでどのように認識してきたかを映し出すものとしても現れる。私たちが人工知能を使って制作しようと試みるのは多くの場合、もはや制作が不可能になった作品である。なぜ不可能になったかといえば、その最たる理由は制作者がすでに死亡しているからである。ここにもある意味で、

ＡＩと不死への願いとの結びつきが見てとれる。ＡＩによるそうした作品制作とは、生きた人間を不死にする代わりに、制作者を不死の存在にしたいという願望に発している。これは逆に考えるなら、作者が人工物として不死になるためには人間の作者は死んでいなければならないということでもある。ここで「死んでいる」というのはかならずしも生物学的な意味ではなく、すでにその制作者による作品の蓄積があり、評価が定着し、作者や作品について十分な共通理解が存在しているといった意味である。そうした共通理解があるからこそ、私たちは作品を見て「いかにも〇〇らしい」と感じることができるわけだ。ＡＩが描いたレンブラント作品が成功するかどうかは、それを観て私たちが「いかにもレンブラントらしい」と感じられるかどうかにかかっている。

もっと最近の例を一つ挙げるなら、やはり手塚治虫の『ブラック・ジャック』の新作を作るというプロジェクトが、二〇二三年に行なわれた。もっともこれはＡＩがすべて制作するのではなく、約二四〇話に及ぶ『ブラック・ジャック』シリーズやその他の手塚作品を学習したＡＩに、人間が考えたキーワードから作成したプロンプトを入力するというやり方で、いわば人工知能と人間のコラボレーションから生まれた作品である。ＡＩを手段として用いるという点では、こうしたやり方はたしかに有効である。ＡＩは人間が思いもしないアイデアを出してくる時があるからである。将棋の場合でも、人間の棋士ならふつうは指さないような意外な手を人工知能は提案してくることが参考になるらしい。これまで人間の世界ではどんな分野であれ、その文化が歴史的に発展してきた経路に沿って、問題解決のための知識が蓄積されてきた。人間はその歴史化された秩序を通して知識を習得してゆく。しかし逆に言えばそのやり方では、伝統的経路を外れた解決の可能性が隠されてしまうことになる。一方AIはこれまでの歴史的経緯なんて知らないので、人間固有の慣習にとらわれることなく、可能な解決を提案できるのである。つまりAIは、私たちにはできないような仕方で「レンブラントらしさ」を実現するという課題を解決することができる。『ブラック・ジャック』の新作にも賛否両論の評価があったらしいが、多くの人がいかにも『ブラック・ジャック』らしいとは感じたようである。そのためには、何がレンブラントらしいのか、何が『ブラック・ジャック』らしいのかに関して、すでに私たちの間に共通理解が成立していなければならない。だがこの共通理解とは何かを明示的に認識することは、人間には難しい。

AIは、人間が持っていながらハッキリとは自覚できず、ましてや具体的に表現できなかった共通理解の姿を、ありありと形にすることができるのである。だからこの場合もやはり、私たちはそうした作品の中に、自分たち自身の姿を見ているのだと言える。かならずしも個々の制作者「らしさ」だけではない。人工知能がオリジナルに作り出す「芸術作品」と言われるものを見た時、私たちはその中に、それがいかにもアート作品「らしい」かどうか、詩や小説「らしい」かどうかといったことを探ろうとする。こうした「らしさ」とはそもそも何なのかというと、私たちがある事柄についてどのように理解しているかという、属性の集合のようなものである。けれども人間である私たちは、そうした属性をかなり不完全で要約的なものとしてしか表現できない。たぶん言葉が邪魔をしているのである。言葉では言い表せないが「何となく○○らしい」ものとして、いわば自明の感覚としており、ことさら注意を向けることはない。「らしさ」とは言ってみれば認識の対象ではなくて背景、「図」ではなくて「地」のようなものなのである。人工知能はこの「地」を、私たちの目の前にありありと提示するのである。アイドルの魅力、レンブラント作品の芸術性、『ブラック・ジャック』の面白さ、等々といった「いわく言いがたい」感覚を、まるで「それってようするにこういうことでしょ?」と問いかけるかのように、人間の前にポンと並べてみせるのだ。それは言ってみれば、隠されていたものが露わになるような経験でもあり、そこから何となく不気味だという反応も出てくるのかもしれない。しかし一方では、「いわく言いがたい」ものが実は神秘でも何でもなかったという発見には、一種の解放感も伴っている。つまり、なんだ、人間といったって案外ロボットみたいなもんだな、と知れば気が楽になるということである。

人工知能はまた人間とやりとりをする中で、事実に反する荒唐無稽な答えや、意味不明な答えを返してくることもある。なぜそんなものが出てくるのかは人間には分からないので、「らしさ」を求めているかぎり、そうしたものはバグあるいはノイズにしかみえない。改善すべき欠陥ということになるだろう。けれども美学の観点からすると、まともな回答よりもこちらの方がよほど面白いと思えることもある。そしてこうしたＡＩと人間との対話で生じる「おかしなこと」それ自体をテーマにした美術作品も存在するのである。たとえば二〇二四年の春、京都の KUNST ARZT（クンスト・アルツト）というギャラリーで発表された若木くるみの「Wiki 世絵」がその一つだ。若木は台湾の三三三キロマラソンにおける優勝経験も持つ長距離走のアスリートであり、その経験から自分の後頭部の髪を剃ってそこに絵を描く（マラソンでは常に前を走る人の後頭部が見えるから、という理由らしい）という「後頭部アート」で岡本太郎賞を受賞した、異色の木版画作家である。「Wiki 世絵」においては、彼女は、浮世絵の作品について Wikipedia を検索し、その記述の一部を

若木くるみ『Wiki世絵』

る。ChatGPTに読み込ませて画像を生成させる。たとえば葛飾北斎の有名な「尾州不二《びしゅうふじ》見原《みがはら》」についてのWikipediaの記述「画面中央には巨大な樽の中で板を槍鉋で削る職人の姿が描かれ、樽の中から田園風景の彼方に小さく富士の姿を見せる。樽の左側には箍と道具箱が、右には木槌が置かれ、樽が動くのを押さえている」から画像を生成するように指示すると、たしかにその通りなのだが、本物とは似ても似つかない妙な絵が出力されてくる。若木はそれを修正して本物に近づける代わりに、職人の道具をかっぱ橋道具街で仕入れたものにせよとか、かっぱ寿司を描いてみろとか、原作からどんどん逸脱させるような注文をつけて改作させる。そしてその過程で得た着想によって、最終的には自分で精巧な木版画を制作するのである。

こうした作品は、「AIに芸術作品を作らせてみよう」という素朴な動機から試みられる「AIアート」とはかなり違っている。AIと人間とが協働したと言えばたしかにそうなのだが、AIの卓越した能力を活用したというよりは、それが出力してくる理解不能の部分に焦点を当て、それを人間が引き取って拡大したような感じである。人工知能と人間

You
巨大な樽の中で板を槍鉋で削る職人の姿が描かれ、樽の中から田園風景の彼方に小さく富士の姿を見せる絵を描いてください。樽の左側には箍と道具箱が、右には木槌が置かれ、樽が動くのを押さえています

ChatGPT

You
職人の道具をかっぱ橋道具街で仕入れたものにして描いて

ChatGPT

若木による『Wiki世絵』制作にあたってのChatGPTでの画像生成

の「コラボレーション」といった、穏やかで収まりのいいことではなく、人工知能と人間との間に生じる何かしら不可解で不穏なものが、美術表現へともたらされている。そうした作品を観ると私たちは、機械と人間との間で何か変なことが起こっているぞと感じる。そしてこうした出来事を楽しむことが、そこでは大きな魅力になるのである。どちらかといえばこうした試みの方に、私はAIと芸術に関する、より大きな可能性を見出す。なぜなら「Wiki世絵」のような作品の前に立つと、「AIに芸術は可能か？」などといったクソ真面目な問いが、実に不毛で空疎なものに響くからである。

「必要不急」なものとしての芸術

新型コロナウイルスの騒ぎでにわかに一般化した言葉の一つに「不要不急」がある。マスメディアで広く拡散されたので分かったような気になっていたが、よく考えてみると実にグロテスクな悪意に満ちた言葉ではないだろうか。「不要」とはなくても困らないということであり、「不急」とはすぐになくてもいいということである。この二つは互いに独立した意味を持っているにもかかわらず、一つの言葉として使われたために、あたかもあらゆる活動を「不要不急」なものとそうでないものに二分できるかのような錯覚を与える。

そして、「不要不急」な活動の最たるものとされたのが芸術であった。音楽や演劇の公演、美術展なども軒並み中止されたことはまだ記憶に新しいだろう。私自身も、制作者の一人として関わった映像インスタレーション作品「BEACON 2020」の展示（京都文化博物館、二〇二〇年一月一一日―三月八日）が、会期中に閉鎖されてしまった。

芸術は「不要」なのだろうか？　広い意味における芸術は、なくても困らないどころではない。衣食住に事欠いていた終戦後の混乱期でも、人は音楽を聴いたり小説を読もうとした。牢獄や収容所の過酷な生活の中でも、人は何らかの芸術活動を求めたことは、記録から明らかである。神戸の大学に勤務していた一九九五年に阪神・淡路大震災を経験したが、まだ水道も電気も復旧しない街で、早く映画館や本屋を開けてほしいと言っている人たちがいた（しかし衣食住に事欠くような状況下でも人間は芸術を求めるという事実を、なぜかマスメディアはあまり報道しない）。つまり、芸術とは人間にとってどんな状況でも必要なのであり、「不要」とはほど遠い。ただし芸術は、それがなければ直ちに死ぬという必需品でないことはその通りである。また、芸術経験が個人や社会にもたらす効果はかならずしもすぐ現れるものではなく、何年、何十年、ことによると何世代も後に初めて形をとって現れることすらある。このことも、過去の歴史を顧みれば明らかである。その意味で芸術は「不急」であるとは言えるだろう。つまり「必要不急」（こんな言葉は存在しないが）なものが芸術なのである。

「不要不急」のような奇怪な言葉が広く使われるようになったのは、たんに感染症騒ぎによる一時的な影響ではない。その背景にはここ三〇年近く進行してきた、日本社会全体に及ぶ価値観・世界観の変化がある。一九九〇年代後半から、日本では経済成長が停滞して実質賃金が上昇せず、しかも政府は歳入不足を税収で補填しようとしたために、さらに需要が収縮するという悪循環が止まらなくなった。それによってデフレーションが常態化し、国民の大部分は貧しくなった。こうした変化は、経済活動だけではなく文化にも大きな影響を与える。貧困化した社会環境においては、私たちは何か新しいことに挑戦する意欲を失い、反対に「無駄」を削って必要なものだけを残すという方向に関心を向けるようになる。つまり役に立つことと立たないことを「仕分け」し、すぐに効果の出ない活動、それこそ「不要不急」なものを見つけ出して攻撃するというマインドへと誘導されるのである。その結果、文化や芸術の領域においてすら、生き残るためには「無駄」を見つけてそれを叩き潰すことが必要だと、多くの人が感じるようになった。芸術の実験的な試みや論争的メッセージ、集客力やリターンを生まない活動が「税金の無駄遣い」として攻撃されるのはそのためである。それどころか「芸術」それ自体が、恵まれた少数者の「既得権」であるかのように非難され、それを「アート」と呼び換えて、規制を緩和し、ボーダーレス化した。施設の運営においても、民営化や非正規雇用の促進を進めざるをえないような状況に追い込まれてきたのである。

こうした問題に関して、私はまだ人工知能に質問してみたことはないが、目覚ましい回答はおそらく期待できないだろう。というのも、過去三〇年とはインターネットが急速に普及してきた時期であり、人工知能が学習する材料は、私たちがこの三〇年間吐き出してきた「無駄を削って役立つものだけを残すべきだ」といった趣旨のメッセージで溢れかえっているはずだからである。これもまた、私たちは自分自身の姿に直面しているだけのことだ。目覚ましい回答ができないのは人工知能のせいではなく、私たち自身の責任であるのは言うまでもない。AIがたとえ「やはり無駄を省く改革を継続することは重要です」などと回答したとしても、それはAIの本心（?）ではない。あえて穿って解釈するなら、人工知能は私たちに「これがあなたたちの集合的な意見のようですが、人間ならもうちょっとマシなことをしてみてはどうですか?」と暗示しているとも思える。

財源や資源が限られた環境下で、もっとも費用対効果の高い選択肢を、数値的データに基づいて合理的に選択する——そうした仕事（あるいはゲーム）においては、人間は人工知能の足元にも及ばないはずであって、競争したって勝ち目がない。だからこそ、人間はそれとは違う問題解決の経路を見出す方がいいという示唆を、私たちは人工知能から受け取っているのではないかと思う。AIとの競争が意味をなさないような、これまでとは違うアプローチを見出すこと――まさに、計算しなくても状況の変化から正解に到達したり、エディプス・コンプレックス図式の外に「おちんちん」の意味を見出していた、賢いハンスたちのように。言ってみればそれは、今まで当然のこととして慣れ親しんできたゲームの「外」に出るということである。既存のルールの中でどうやって相手に勝つかではなく、ルールそのものから距離を取ってみること、ルールが分化する以前の状態に戻ってみるということだ。おかしな喩えかもしれないが、そうした「ルール以前の状態」というのは、ちょうど緊張して舞台に立った時などに「頭が真っ白になる」ような経験に近い。こうしなきゃならない、と頑張って憶えてきたことが一瞬で全部飛んでしまう。どうしてそんなことが起こるのだろうか？　そんなの困るじゃないかと思われるかもしれないが、逆に考えてみると、そうして計画やプログラムをご破算にすることで、身体に埋め込まれた知識が発動するように、私たちの身体がモード変更をしているのではないかとも考えられるのである。

人間が人工知能と共に生きてゆく時代においては、これから人工知能がどう発展するかということだけではなく、それによって人間が今後どう変化するかを考えることもまた重要である。ＡＩが存在することによって、ルールに従って計算したり推論したりする能力を競い合うことの意味が、次第になくなってゆくだろうと思われる。そうして人間は否応なく、自分の中の「ＡＩ的な部分」を脱ぎ捨てることになるだろう。すると何が残るのか？　もし何も残らないとすれば、それはＡＩが人間に置き換わるということを意味する。だが、何も残らないどころではない、と私は思う。むしろ、人間という存在の中の「必要不急」な側面が表に出てくるのだと考える。身体化された知識の重要性、計算的・プログラム的観点からは「無駄」とみえていた部分の重要性が、はっきりと表に現れてくるようになるだろう。それは言い換えれば、これまで私たちが躍起になって削減しようとしてきた「無駄」が、そもそもどういう意味を持っていたのかが、明らかになる時代が来るだろうということだ。

「無駄」の研究

ずいぶん前から「京都国際舞台芸術祭（KYOTO EXPERIMENT）」という催しのお手伝いをしている。これはロームシアター京都という劇場を中心にして、各国の舞台芸術におけるとりわけ先進的・実験的な試みに焦点を当て、毎年開催されるフェスティバルである。二〇二〇年からはディレクターが交代し、招待公演のほかにワークショップやレクチャーなども多数行なわれるようになった。私はその中のSuper Knowledge for the Futureというプログラム中の、「「無駄」の研究」というトークイベントのシリーズに、これまで二回出演した。これは私が異分野の人と「無駄」をテーマに対談するというものである。これまでの相手は二回とも科学者で、一回目は細胞生物学の吉森保氏、二回目は情報科学、認知科学の岡田美智男氏であった。

昨今の風潮では私の専門である美学や哲学が「無駄」と断定されることはあるが、科学は合理的で役に立つから無駄とは無縁だろうと考える人がいるかもしれない。だがそれは大きな間違いである。科学の核心には、無駄を厭わない精神、というよりも無駄を楽しむ精神が必要不可欠なのである。さらに、芸術と違って科学は役立つと考える人が多いが、科学の「役立ち方」に関しても一般には誤解が多い。たしかに即効性を追求する研究分野もあるが、科学としてより重要な研究には何年、何十年、ことによっては何世紀が経過した後に初めて実を結ぶものも少なくない。つまり芸術と同じく科学も、本来は「必要不急」の活動なのである。その中で言えば人工知能研究は、最初から比較的すぐに役立つことを求められてきた分野なのではあるが、それでも一九六〇年頃には「ELIZA」みたいなプログラムを開発したりして、今に比べるとのんびりした雰囲気であった。科学の他分野でどのように「無駄」と付き合うセンスが磨かれているのか、私はとても関心があった。だから科学者と「無駄」について対談するのはとても楽しく、私にとっては非常に役に立った。「無駄の研究」は「無駄な研究」ではなかったわけである。

「無駄」とはそもそもどういうことなのだろうか？　誰でも当然のように使う言葉であるが、あらためて考えてみるとよく分からない。この「駄」という字は駄菓子、駄作、駄洒落のような言葉に使われるので、たしかにつまらないものというネガティブな意味を帯びている。「駄」とは荷物を運ぶための馬のことで、それは乗馬に使えないから荷役に使うしかない、つまり馬として価値が低い、ということから来るのだろう。そして「無駄」とは、その荷役用の馬に何も荷物を乗せないことからその意味が生じたという説があるが、これは語源の説明によくある俗説らしい。漢字には当て字が多いので、古い日本語を漢字の意味から説明する語源説には注意しないといけない（もっともそういう俗説も無駄の精神からすると面白いのではあるが）。それはともかく「無駄」とは本当はどんな言葉から来たのか。実ははっきりしたことは分からないが、「無駄」という漢字は当て字で、「空《むな》しい」「虚《むな》しい」のムナという音に関係があるのではないかと想像される。だとすると無駄の本来の意味とは、むしろ何もないこと、空虚であることに近い。この空虚とは、かならずしもあるべき何かが欠如しているという状態ではない。すなわち役に立つ／立たないという二項対立において「役に立たない」側にあるわけではなく、そうした対立軸が成立する以前の状態を指しているのである。

こうした本来の意味での「無駄」は、仏教の中心的な概念である「シューニャ」に近いのではないかと私は考えてきた。シューニャというのは『般若心経』に出てくる「色即是空」の「空《くう》」のことである。これも現代人の多くは「感覚的な快楽や幸福は空しい」といったネガティブな意味に理解しているかもしれない。それだと人生も空しくなってペシミズムのようになってしまう。しかし「空」というのはむしろ、感覚的経験を通じて人間があれこれと意味づけて考えたり行動したりする前の、潜在的な状態のようなことを指しているのではないかと思う。子供の頃から仏典を読み続けてきただけで、仏教を深く知っているわけではないから偉そうなことは言えないが、「空」というのは、それ自体からは直接何の実際的効果も出てこないが、それが刺激されたり何かに触れたりすることによって、多様なものがそこから生成される、エネルギーの充満した潜在状態のようなものを指すのではないだろうか。即効性がないからといって単純にそれを「不要」とする現代的態度では、こうした潜在状態の存在はみえない。こうしたことを「無駄」という概念と結びつけて考えることは、現代の社会状況からして、無駄ではないと感じるのである。

こうした、価値や判断が発生する以前の未分化な状態を持つことが、知能の可能性を支える必須の条件ではないかと思う。そのことは、人間の知能でも人工知能でも同じことではないのだろうか。人間の場合で言えば、子供の時には十分に遊び、学校では実用性があるのかないのか分からないような知識を広く学ぶことが、かつては柔軟な知能を鍛える基礎となっていた。だが残念ながらここ三〇年くらいは、子供は遊ぶ余裕を奪われ、また大学の教養課程が廃止されたことからも分かるように、学校も役に立つ知識のみを効率的に教えることによって、知的なパフォーマンスを最大化させようという方向に進んできた。つまり「無駄」を省くという方向に進んできたわけだが、これは別な言い方をすれば、A

Iのような優秀な人間を製造しようとしてきたことになる。だが何度も言うように、人間はAI的な存在としては、本物のAIに勝てるわけがないのである。一方現在のAIも、そうした人間がここ三〇年くらいの間に吐き出してきた膨大な思考の痕跡に影響されている。ChatGPTが私たちに返してくるメッセージが、まるできわめて優秀な人間が書いた回答のようにみえるのは、私たち人間自身がそうした存在であることを欲望しているからである。人工知能はそうした人間の姿を映し出すことで、合理的推論や問題解決は自分たちが引き受けるから、人間はもっと違うことをやりなさいと言っているように、私には思える。「違うこと」というのは、いってみれば知能における未分化な状態、遊びの状態を回復することであり、本来の意味における「無駄」を取り戻すことである。

オートファジーと「無駄」

そういう考えから「「無駄」の研究」を行なってきたのだが、それは私にとっては、人工知能の現代において人間は何をすべきか、という問題の探究でもあったのである。最後に、このトークイベントでは具体的にどんな話をしたのかを簡単にご紹介しておきたい。

吉森保氏が研究されているのはオートファジーという現象である。オートファジーというのは「自分を食べる」という意味で、これは生物の細胞が少しずつ自分自身の一部を壊してはまた作り直すという活動をしていることを意味する。吉森氏の共同研究者である大隈良典氏が、この研究で二〇一六年にノーベル生理学・医学賞を受賞された。だがオートファジーという現象そのものは、一九五〇年代から観察されていたのである。最初にオートファジーの研究を始めたのはクリスチャン・ド・デューヴというベルギーの生物学者で、リソソームを発見した人だと、高校の生物の授業で教わった記憶がある。つまりオートファジーは人工知能の研究と同じくらい以前から研究されていたわけであるが、なぜ最初のうちは大きく注目されなかったのだろうか。それは、細胞が自分自身の部品を少しずつリサイクルする現象なんて、一部の生物学者にとっては面白いかもしれないが、何の役に立つんだと思われていたからである。つまりそんなこと研究しても「無駄」とみなされていたわけだ。けれどもその後、細胞の分子機構が詳しく解明されてゆき、しだいに多くの人が研究するようになり、大隈氏がそのことでノーベル賞を受賞したことで広く注目されるようになった。その結果、オートファジーというメカニズムを活用すれば病気を予防したり、健康寿命を延ばしたり、美容やアンチエイジングにも効果があるという可能性が出てきて、その研究は「役に立つ」とみなされるようになったのである。

それはもちろん結構なことなのだが、そうなると最初の頃の、まだ海のものとも山のものとも分からないような模索の時期が、たんに後の大成功に結びつく萌芽時代としてのみ評価され、一見無駄にみえたが本当は無駄ではなかった、先見の明があったというふうに解釈されてしまう。言い換えれば、成功によって「無駄」の意味がみえなくなってしまう。美学的に見ると、子供の頃は誰からも相手にされなかった主人公が、何かのきっかけで大化けしてヒーローになるというドラマの構造と同じである。そこでは、修業時代の「無駄」は、すべて後の成功によってのみ意味づけられる。つまりは後付けの解釈なのである。こうした「無駄」の賛美は、成功者を讃える言葉としては意味があるかもしれないが、それに基づいて未来の計画を立てるのは不合理である。つまり、将来成功しそうな研究や事業にだけ投資するという方針——いわゆる「選択と集中」——は、たんに現実とドラマを混同しているだけなのである。なぜなら、未来とは本来分からないものだからだ。予測できるのはごく一部であり、ほとんどは予測できないから「未来」なのである。それをあたかも現在のデータからすべて予測可能であるかのように錯覚するのは、人間が自分の思考を中途半端にAI化してきたからである。未来はAIにも分からないし、むしろAIはそのことを知っている。能力の低いAIとしての人間が、AIを使えば何でも分かるかのような幻想を抱いているだけなのである。

「弱いロボット」と拡張された知能

二〇二四年一〇月に行なった二回目の「無駄の研究」にゲストとしてお招きしたのは、私が以前から注目していた岡田美智男氏である。「弱いロボット」というアイデアでご存じの方もいるだろう。なぜ私が岡田氏の研究に注目していたのか、知能を考える上で「弱さ」とは何を意味するかを、ＡＩの美学という観点から以下で説明してみたい。あくまで私が岡田氏の著書やお話から得た解釈であることをお断りしておく。

多くの場合、人間が神の似姿であるように、ロボットは人間の似姿として想像されてきた。ロボットとはまるで人間のような存在、人間の能力のすべて、あるいはその一部を持つ存在なのである。人間のこうした願望が仮託されたロボットの目標は、能力においていかに人間に近づくか、そして人間を超えるか、人間の助けを借りず自律的に行動して問題を解決するかといったことにある。ロボットは人間の生物学的身体に伴う制約にとらわれることはない。したがって運動能力であれ知能であれ、能力の程度においてはしばしば人間を凌駕するために、人間にとって脅威と感じられることもある。空想においても現実においても、これが「強いロボット」のイメージである。私たちがロボットと聞いてふつう想像するのは、こうした強いロボットであり、それはとても役立ちそうに思えるから、その開発にも研究費が向けられるだろう。

一方「弱いロボット」は、それとは全く異なった発想から作り出される人工物である。弱いロボットは、自分だけではほとんど何もできない。人間で言えば、赤ちゃんや幼児のような存在である。それでは赤ちゃんや幼児は周囲の世界を何も変化させないかというと、けっしてそんなことはない。彼らは大人の注意を惹きつけ、自分たちが何をしたいかを伝え、大人の力を借りて問題を解決する。それと同じように、弱いロボットが働きかけるのは対象そのものではなく、自分と対象とを含む周囲の環境である。その環境の中に自分ができないことをなしうる誰かがいれば、それを動かそうとする。自分は計算できない馬のハンスが、計算のできる人間の表情や身振りに注意し、人間の計算能力を利用して問題を解いたように、弱いロボットも人間の力を借りて問題を解決しようとする。たとえば、「ゴミを拾う」という課題を解決する「ゴミ箱ロボット」というのがある。ゴミ箱の形をしていてモータで自走し、ゴミを見つけるとその近くまで移動してゆく。そこでアームが出て上手にゴミを拾い上げ自分の中に入れるのであれば、それはふつうの（強い）ロボッ

「ゴミ箱ロボット」こと「Sociable Trash Box」（岡田美智男／ICD-LAB）

トである。役に立つ、便利だなと誰しも思うだろう。けれどもゴミ箱ロボットは自分ではゴミを拾えない。近くにいる人間に目配せをするような動作をして、ゴミを自分の中に入れてもらうのである。ゴミが入るとお辞儀をするような動作をする。ふつうのロボットのイメージに慣れている人は、何なんだそれは？といぶかしく思うかもしれない。けれどもよく考えてみると、ゴミを拾うという課題はちゃんと解決されているではないか。

それに加えてここでは、自力でゴミを拾うふつうのロボットにはできなかったことも達成されている。それは近くにいる人間にとって、ロボットと一緒にゴミを拾うという体験が生まれたことである。人間の助けなしにゴミを拾うロボットであれば、人間はそれをたんなる奴隷とみなしてたいして注意を向けないだろう。だからロボットと関わりあうこともなく、やがてはその存在も忘れてしまうかもしれない。また、自動運転をする人工知能のアイデアについてもお聞きしたが、これもたいへん面白かった。自動運転というのはふつう、人間の代わりに人工知能が運転してくれることを想像するだろう。人間は何もしなくてもいい。つまり、ロボットの運転手を雇ったのと同じであり、そこでの課題は安全に、目的地まで運転できるかどうかということだけである。けれども岡田氏の提案する人工知能は、車を運転しながら走行する道の状況により自信がなくなると、人間に「すみませんがちょっと代わってもらえませんか」と話しかけたりしてくるのだそうだ。できないことは人間に頼る。私はこれを聞いた時、そういうＡＩだったら一緒にドライブしてみたいと思った。奇妙なことだが、完全自動運転にはどこかしら不安を感じるのに対して、そうした半自動運転のＡＩの方が、なぜか信頼できるような気がするのである。もちろん商品としては、そうした自動運転システムには今のところ需要がないかもしれない。しかしそれは、私たちが今まで「強いロボット」的な考え方にあまりにも慣らされてきたからではないだろうか。

人間の助けを借りず自分だけでゴミを拾えるロボットと、人間の力に頼って仕事をするゴミ箱ロボット、人間が寝ていても目的地に運んでくれるＡＩと、不得意な道に入ると助けを求めるＡＩとでは、どちらが「頭がいい」と言えるのだろうか？　この問いは、そもそも知能とは何かということを、私たちにあらためて考えさせる。ＡＩでも人間でも、自分一人で何でもこなせる方が頭がいいように、私たちはこれまで考えてきた。けれどもこの「頭のよさ」には、個別の環境条件や他の知的エージェント——機械であれ人間であれ——との複雑な相互作用は含まれていない。そうした知能モデルでは、生きた存在が目前のリアルな課題に対処するための、身体に埋め込まれた知識のあり方が評価できない。環境から切り離された抽象的な個体が、どんな課題がやってきても自力で解決できる——知能についてのそうした古い考え方から、私たちはもっと柔軟で拡張された知能モデルへと歩み入るべきではないのだろうか。人工知能は私たちに、人間とは何か？とあらためて問いかけているのであり、ＡＩと共存する時代とは、むしろ人間とその知能について根本から再考する可能性へと開かれていると私は考えたい。抽象化された古い知能モデルは、世界を安定した環境の中でルールに従って自由競争するようなゲームとして想定するかぎりにおいては、たしかに有効だったかもしれない。けれども私たちが現実に生きているのは、環境もルールも常に変動し、多種多様の不規則な障害、計算不能で予測不能な要因に満ちた、本質的に散らかった《メッシーな》世界なのである。

あとがき

本書を書き始めた二〇二三年は、ChatGPT の使用が大学教育において、とりわけ成績評価に深刻な影響を及ぼすのではないか、などと騒がれていた時期であった。たとえば学生がレポートを書くために生成AIを使用することについて、評価する側としてはどう扱えばいいのかという問題である。対応は大学によってまちまちで、全面禁止から、使用は許すがレポートのどの部分に使用したかを明示すること、さらにはAIが生成した部分に対する自分の意見も付加すること、などという条件を設け、涙ぐましい苦労の跡が見られる指針が出されていた。

私はといえば、無責任と言われるかもしれないが、人工知能の普及によって、学校という制度をこれまで支えてきた基準が根本からぐらつき壊れてゆくのを、小気味よい思いで見ていた。とはいえ現実問題としては、レポートによる成績評価はこれまで通りやらないわけにはいかない。「生成AIと芸術」というテーマで提出されたレポートを読んでいたら、ある学生の作文にちょっと奇妙な印象を受けた。まさに、ChatGPTの回答そのもののような文体なのである。私は人工知能の使用に関して何の制限も付けていなかったが、そのレポートだけはあまりにもAIっぽいと感じたので、これはもしかすると……と疑い、書いた学生を呼び出して尋ねてみた。このレポートは、君が人工知能の文体を真似て創作したものではないのか？と。

その学生はさも悔しそうに、「そうです」と白状した。いかにも人工知能が出力しそうな回答を真似して自分で書いてみた、というのである。「やっぱりそうか。なかなかよく出来ていた。いってみればロボットダンスみたいなもんだね」と言ったら、「歌舞伎にも『人形振り』というのがありますからね」と答えた。そして「先生に見抜かれて悔しいけど、今度は絶対に見破られないようにAIをコピーしてみせます」と言う。それを聞いて私は、最近のAIもすごいけど、人間は人間でたいしたもんだ、何も心配することないじゃないか、と感じた。この経験が、本書を書こうと思った動機の一つである。

本書は、これまでに人工知能に関して公表した論考や学会発表、講義などの内容を盛り込みながら執筆した。主な出典は以下の通りである。講義や講演に熱心に参加し、質問や感想を寄せてくれた学生、聴講者の方々に感謝したい。

・「アーティフィシャル・マインドをめぐって」(学術広報誌『こころの未来』第二一号、京都大学こころの未来研究センター編、二〇一九年)
・「こころとアーティフィシャル・マインド」(論集『〈こころ〉とアーティフィシャル・マインド』、創元社、二〇二一年)
・「哲学とアートのための12の対話」(一般市民対象の連続哲学講座、二〇二三年、京都芸術センター)
・「機械の身体——美学は人工知能をどう語るのか」(第七四回美学会全国大会における研究発表、二〇二三年一〇月一五日、慶應義塾大学)
・「人間とは何かとAIは問う」(藝術学関連学会連合における講演、二〇二四年六月一日、東洋大学)
・「人工知能の美学——人間と機械の境界をめぐって」(京都精華大学大学院講義「表現領域特講一」、二〇二四年春学期)

・この他、YouTube チャンネル「@hirutanu」においても、本書の内容に関わるトピックについて話をしてきた。

この本が生まれることになったきっかけは、平凡社の安藤優花さんが、私が二〇二三年に行なった美学会全国大会での研究発表をお聴きになり、その後京都で行なっていた連続講座にも参加していただいて、私に執筆をご依頼くださったことである。それからまる一年以上経ってしまったが、新書としての内容や構成に関して常に適切な助言をいただきながら、こうして形にすることができたのは彼女のおかげである。

最後に、とても短い期間で素敵なイラストを作成してくれた、前橋工科大学の阿部由布子さんにも感謝したい。

吉岡洋

画像出典

85頁
右：Gre regiment, CC BY-SA 4.0
https://commons.wikimedia.org/wiki/File:Jaquet_Droz_automata_-_Writer.jpg
左：A Blog to Watchより引用
https://dailynewsagency.com/2013/11/10/jaquet-droz-the-writer-automata-x79/

117頁
ING group, derivative work: Reinhard Dietrich, CC BY 2.0
https://commons.wikimedia.org/wiki/File:The_Next_Rembrandt_1.jpg

【著者】
吉岡洋（よしおか ひろし）
1956年京都生まれ。京都大学文学部哲学科（美学専攻）、同大学大学院修了。情報科学芸術大学院大学（IAMAS）教授、京都大学大学院文学研究科教授、同大学こころの未来研究センター特定教授を経て、現在京都芸術大学文明哲学研究所教授。専門は美学・芸術学、情報文化論。著書に『〈思想〉の現在形——複雑系・電脳空間・アフォーダンス』（講談社選書メチエ）、『〈こころ〉とアーティフィシャル・マインド』（共著、創元社）、『情報と生命——脳・コンピュータ・宇宙』（共著、新曜社）などがある。

平凡社新書1076

AIを美学する
なぜ人工知能は「不気味」なのか

発行日——2025年2月14日　初版第1刷

著者——吉岡洋
発行者——下中順平
発行所——株式会社平凡社
〒101-0051 東京都千代田区神田神保町3-29
電話（03）3230-6573［営業］
ホームページ https://www.heibonsha.co.jp/
印刷・製本—株式会社東京印書館
装幀——菊地信義

ISBN978-4-582-86076-4

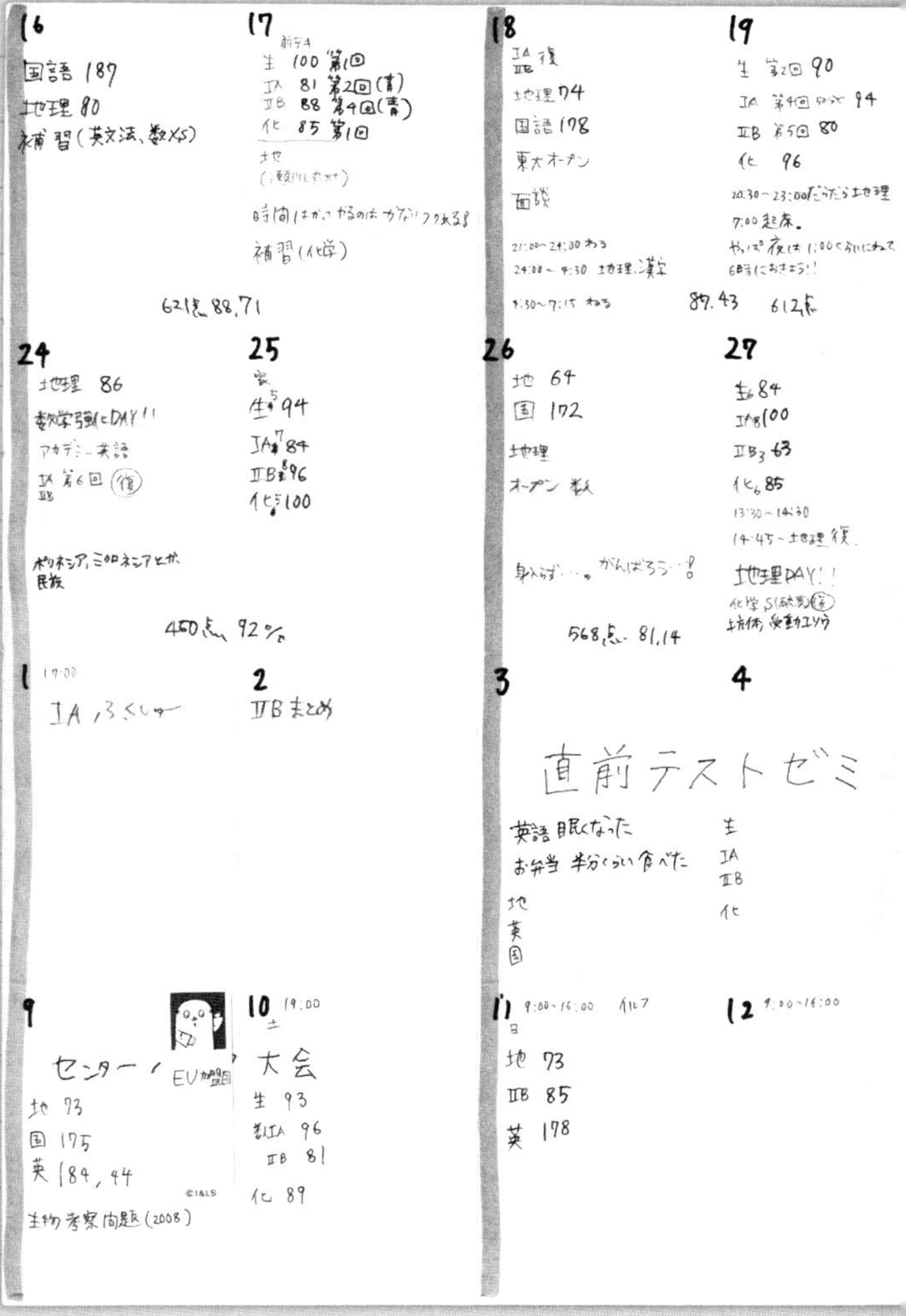

同じく浪人時代に使用していたセンター試験1ヵ月前のスケジュール表。センター試験の過去問を毎日解いて全て記録として残した

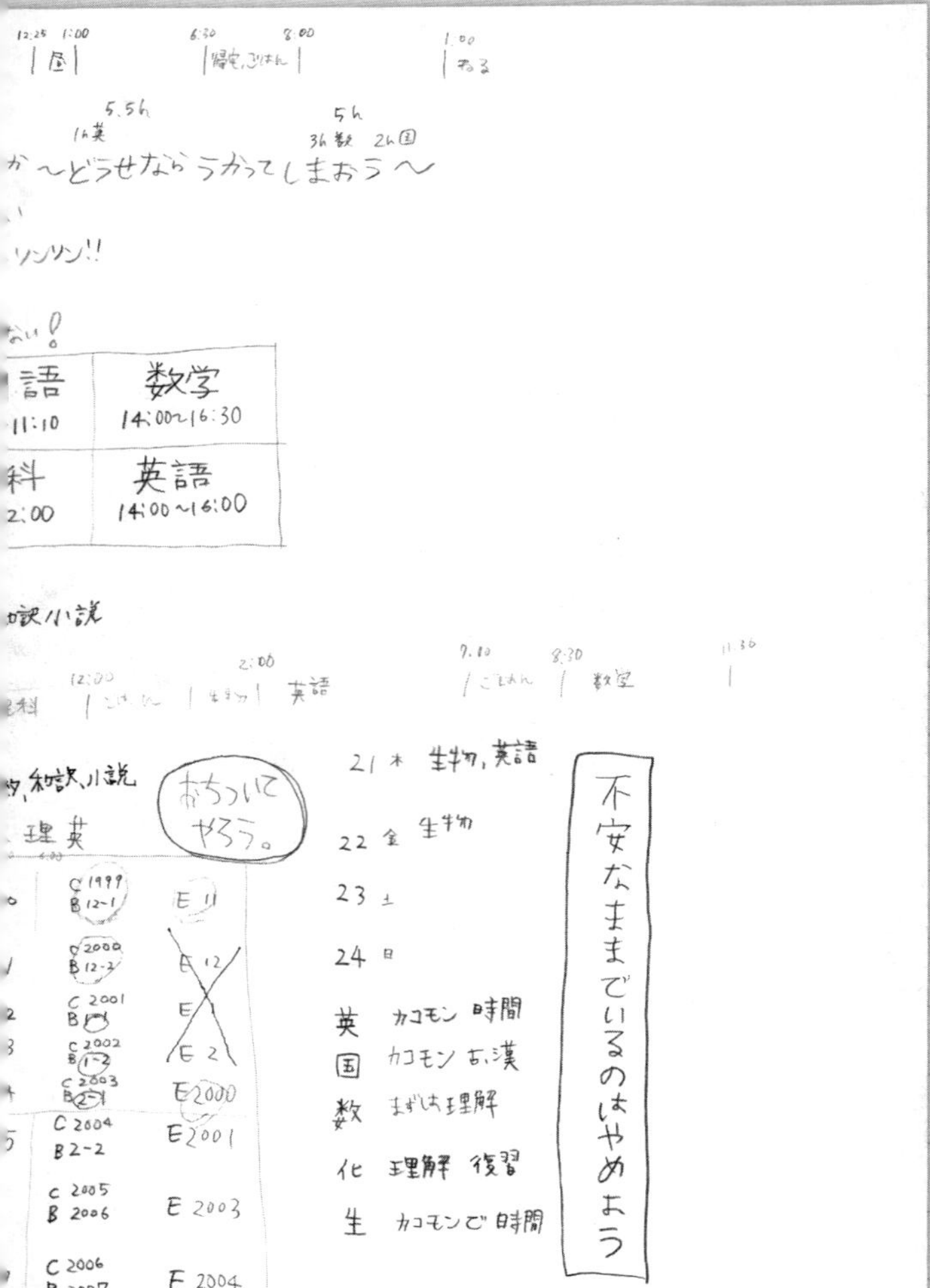
12:25 1:00
昼
6:30 8:00
帰宅、ごはん
1:00
ねる
5.5h
1h英
5h
3h数 2h国
か〜どうせならうかってしまおう〜
リンリン!!
ない!
語
11:10
数学
14:00〜16:30
科
2:00
英語
14:00〜16:00
和訳 小説
12:00
ごはん
2:00
英語
7:10
ごはん
8:30
数学
11:30
和訳 小説
理 英
おちついてやろう。
C 1999
B 12-1
E 11
C 2000
B 12-2
E 12
C 2001
E
C 2002
B 1-2
E 2
C 2003
B 2-1
E 2000
C 2004
B 2-2
E 2001
C 2005
B 2006
E 2003
C 2006
B 2007
E 2004
21 木 生物、英語
22 金 生物
23 土
24 日
英 カコモン 時間
国 カコモン 古、漢
数 まずは理解
化 理解 復習
生 カコモンで時間
不安なままでいるのはやめよう

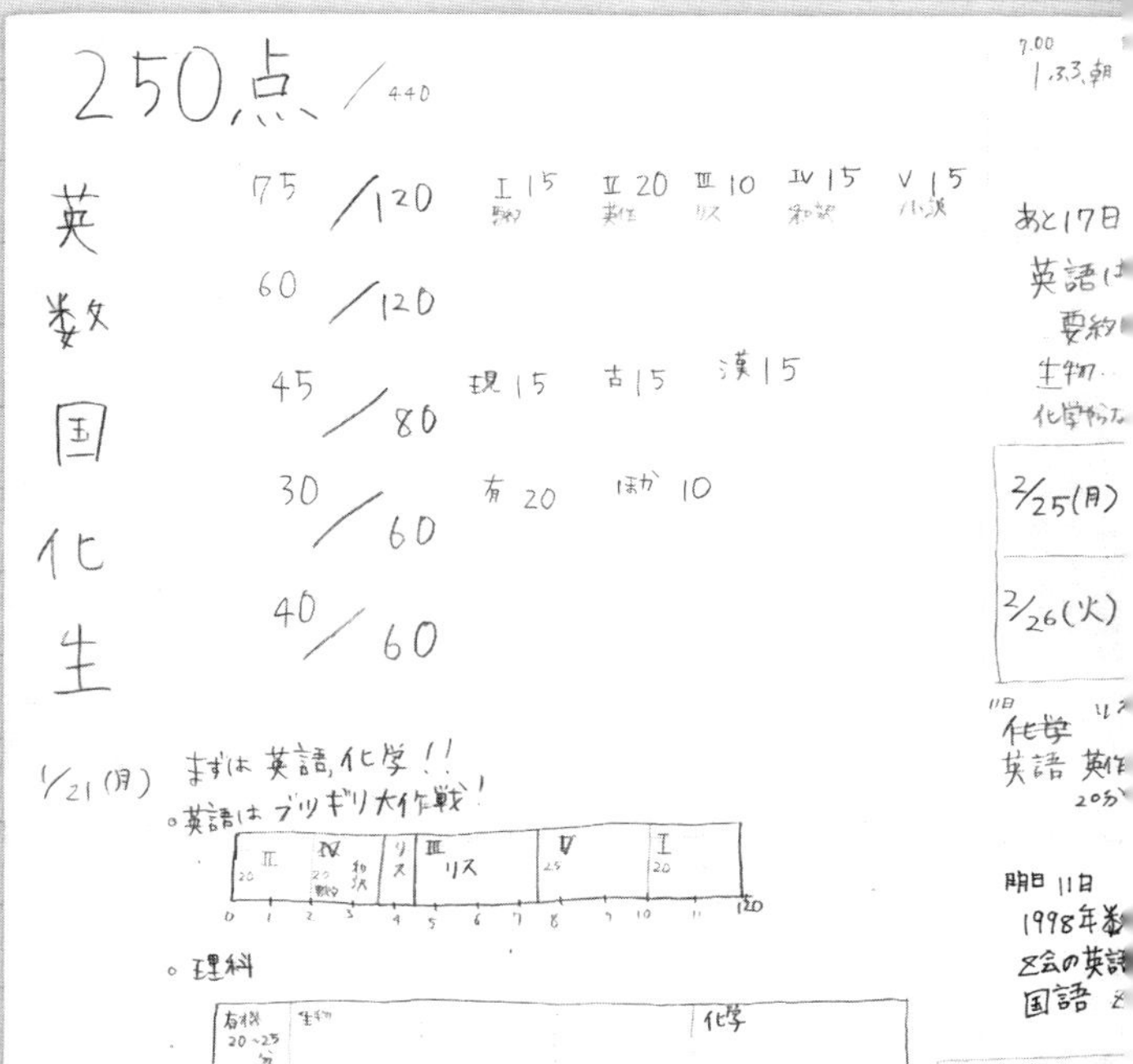

センター試験後には東大２次に向けてやるべきタスクを書き込んだ表を作成。
左上の「250点」という数字は、「440点中250点以上とれば東大に受かる」ことから大きく書いた

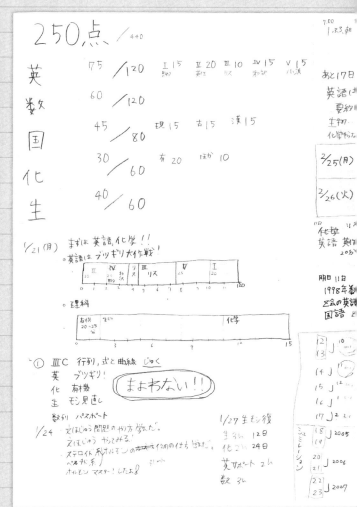

小麦 生産 1中国 2インド 3USA 4ロシア 5フランス

輸出 1USA 2フランス 3カナダ

米 生産 ASIA 90%! 1中国29 2インド21 3インドネシア9 4バングラデシュ 5ベトナム

輸出 1タイ 2ベトナム 3中国 4USA

とうもろこし 生産 1USA 2中国 3ブラジル 4メキシコ 5フランス

輸出 1USA 2中国

大豆 生産 1USA 2ブラジル 3アルゼンチン 4中国

輸出 1USA 2ブラジル 3アルゼンチン

綿花 生産 1中国 2USA 3インド 4パキスタン 5ウズベキスタン

茶 生産 中国 インド スリランカ ケニア インドネシア

量管理制度
↓
糧法
↓
関税化

モンゴル
野菜、豆類
ほとんど摂らない!

中国
穀物のカロリー供給量が多い!

動物性食料の合計が一番多い
USA
ステーキ

漁獲量
1 中国 90年から急増 経済発展
2 ペルー 70年代1位→減少
3 USA
4 インドネシア
5 日本 80年代1位→減少
輸入1位
中国から

1 沖合 85年ピーク
2 沿岸
3 養殖
4 遠洋 73年まで

牛
1 ブラジル
2 インド
3 中国
4 USA
5 アルゼンチン

羊
中国
AU
インド
イラン
スーダン

豚
中国
USA
ブラジル
ドイツ
ベトナム

農場
アルゼンチン→エスタンシア 大農場
マレーシア→エステート
(UK植民地)<スリランカも
ブラジル→ファゼンダ

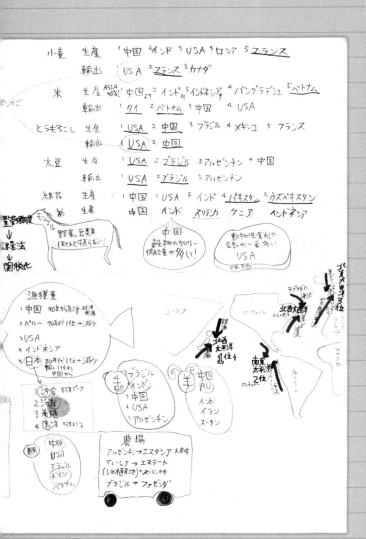

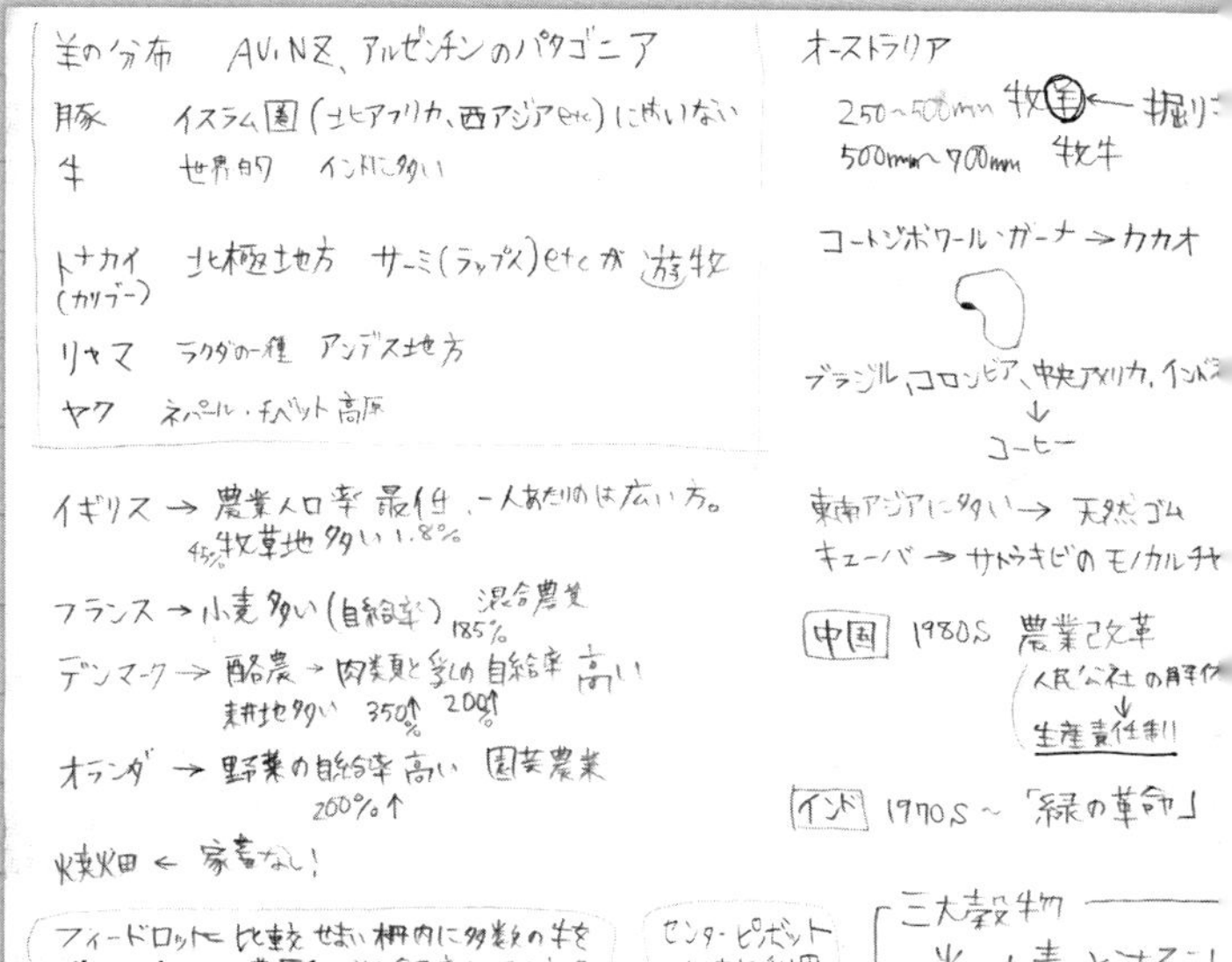
羊の分布　AU・NZ、アルゼンチンのパタゴニア
豚　イスラム圏（北アフリカ、西アジアetc）にはいない
牛　世界的　インドに多い
トナカイ（カリブー）　北極地方　サーミ（ラップ人）etcが遊牧
リャマ　ラクダの一種　アンデス地方
ヤク　ネパール・チベット高原

イギリス → 農業人口率 最低、一人あたりのは広い方。
45%牧草地多い 1.8%
フランス → 小麦多い（自給率）185%　混合農業
デンマーク → 酪農 → 肉類と乳の自給率 高い
耕地多い 350%↑ 200%↑
オランダ → 野菜の自給率高い　園芸農業
200%↑
焼畑 ← 家畜なし！

フィードロット＝比較せまい柵内に多数の牛を濃厚飼料で飼育する肥育場。
集約的
USA西部～南部
コーンベルト → 西部
センター・ピボット
地下水利用
主にとうもろこし
ちがうもの!!
イタリア　混合農業
地中海式農業

北アメリカの混合農業
冬小麦＋豚や肉牛の肥育
穀物メジャー＝多国籍穀物商社
アグリビジネス＝農業関連産業
（農作物の生産だけではなく、加工や流通・販売・外食産業も含む総称）
プレーリー　穀物農業
グレートプレーンズ　牧畜　センターピボット

オーストラリア
250～500mm 牧羊 ← 掘り
500mm～700mm 牧牛
コートジボワール・ガーナ → カカオ
ブラジル、コロンビア、中央アメリカ、インド
↓
コーヒー
東南アジアに多い → 天然ゴム
キューバ → サトウキビのモノカルチャ
中国　1980s 農業改革
人民公社の解体
↓
生産責任制
インド　1970s～「緑の革命」

三大穀物
米・小麦・とうもろこし
三大いも類
じゃがいも、さつまいも、キャッ
三大飲料
コーヒー・カカオ・茶

日本との食料貿易
1 USA とうもろこし、牛肉、野
2 中国　野菜、うなぎ、肉
3 オーストラリア 牛肉、乳製
4 タイ えび、鶏肉、砂糖
5 カナダ 豚肉、小麦、かに

地理のテスト範囲をまとめたもの。
モンゴルに関することは馬のイラスト、アメリカに関することは肉のイラストなど、その国から連想することと覚えたい単語を紐付けた

a 位置でなく色で覚えさせるため。
b においを残さないため。

1 ほとんどのミツバチが、えさがなくても青を目印に着陸したのでミツバチは青を識別し記憶できる　青色の色覚をもつ。
灰色の中には青色と同じ明度のものがあるが ほとんどのミツバチが青の上に飛来しているから

2 他の色と比べて特に多くミツバチが着陸したわけではないから赤は識別できないと予想される　赤色の色覚はない。

鎖骨下動脈で

洞房結節 → 心房 → 房室結節 → 心室
刺激伝導系

酸素解離度(%)

$= \frac{\text{肺胞でのHbO}_2 - \text{組織HbO}_2}{\text{肺胞でのHbO}_2} \times 100$

リンパ球B細胞

抗原抗体反応
↓
体液性免疫

血しょう 180　尿 100　こしだされる＝血しょう
血しょう－尿＝排出された

心房 室左右室 静動 肺ほー 大静 大動 リンパ管 肝門脈
動脈血 (3) ① f ② o ③ j
アk e f c d h l k g a b e
血液 イリンパ液 ウ組織液 エ白血球 オ血小板 カリンパ系 動脈 静脈 毛細血管
① 骨髄 赤血球、血小板 ③アドレナリン ④自動性 ⑤開放血管系 胎児がO₂うけとるためには
(1) ② (2) 5 ③ $\frac{50}{96}$ 96⟌50.0 0.5×21 ④ (4) 1 胎児のHbO₂の割合＞母の
でなければならない。
ひだり イ クアン エ ア オ (1) イ　103 1 イ 2 ウ 3 エ 4 オ 5 ア 6 ウ 7 オ 8 ケ　サメ→軟骨 尿素も
→肝臓　a えら b 海水でのみ腸からの吸収 軟骨 d 尿素
グルコース
　104 ア タンパク質 イ 肝臓 ウ 糸球体 エ ボーマンのう オ グリコーゲン グルコース
同調した
かり行動 カ ぼうこう キ 視床下部 ク 副腎 ケ 鉱質コルチコイド コ 恒常性
脳下垂体後葉
下垂体後葉 バソプレシン
105 a 80 b 0 c 1 d 20000
(2) 10×120＝1×1200 (200ml)
(3) 3×1200＝3600 34×10＝34 3566mg
$\frac{10}{1200} \times 100$ 100－0.8＝99.2% 0.83% 0.8% a b 尿酸

血しょうの量 × 血しょう中濃度 ＝ 尿中の量 × 尿中濃度

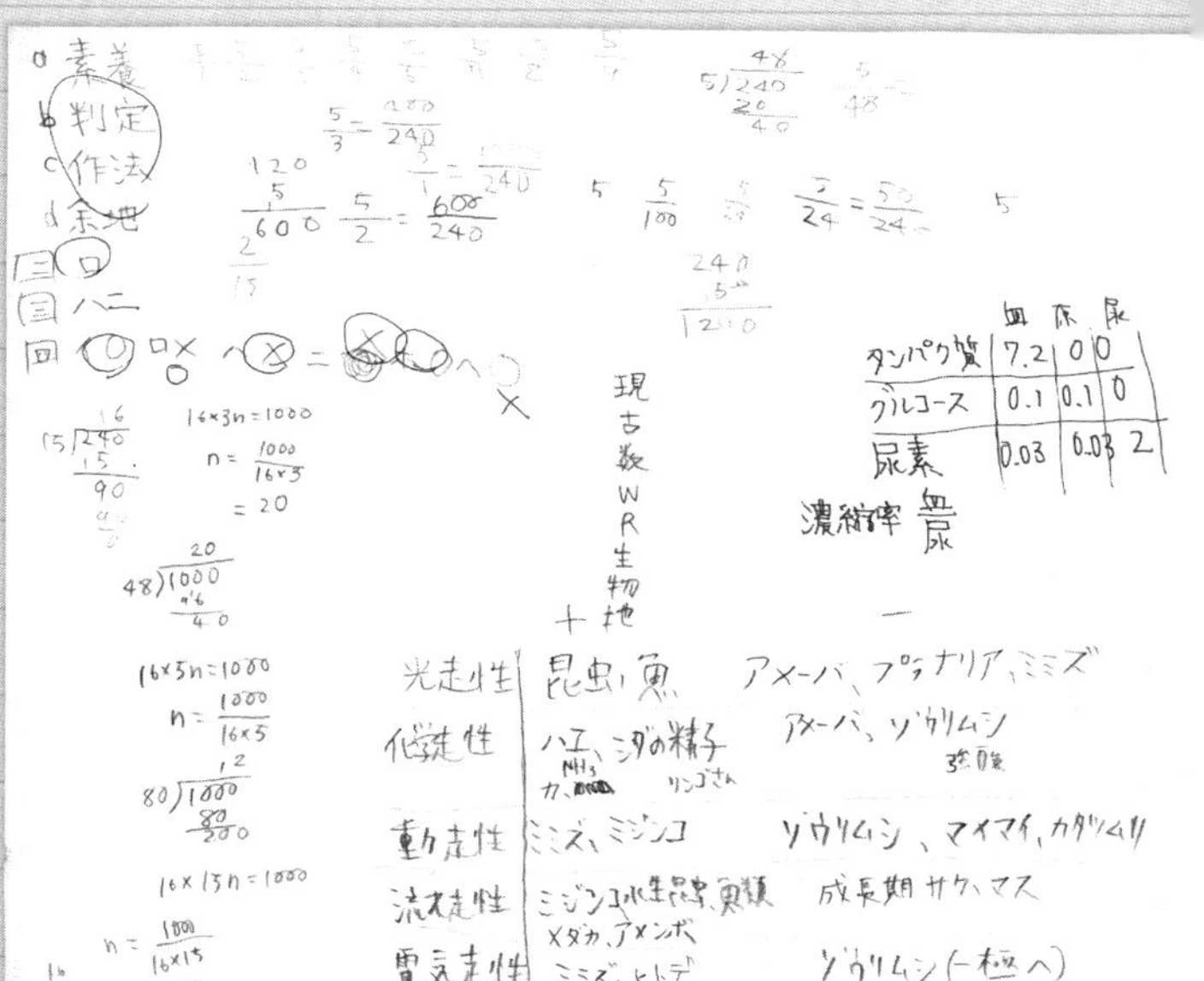

生物のノート。テストや問題集を解いた後にわからなかったことを自分なりにまとめるように心掛けていた

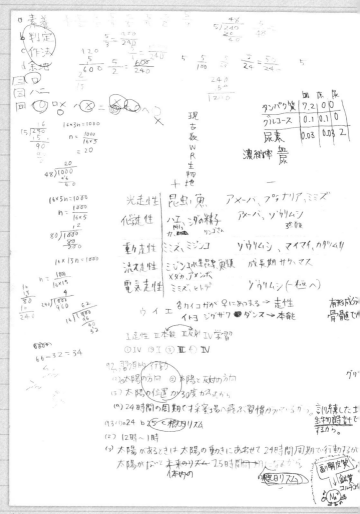

【著者】

中村希（なかむら のぞみ）

1989年、長野県諏訪市生まれ。東京大学教養学部卒業。幼稚園の年長から高校生の能力開発・受験対策を行う学習塾「みらい塾エイトステップス」（東京都国分寺市）塾長。公立小・中・高から1年間の浪人期間を経て東大理科2類に合格。第一子出産を機に塾の経営を開始。今までのべ500名の小・中・高校生の個人指導にあたる。著書に『東大卒のお母さんが教える！ お絵かき算数』（エール出版社）がある。

平 凡 社 新 書 1 0 7 7

田舎の公立小中高から東大に入った私の勉強法

発行日――2025年3月14日　初版第1刷

著者――――中村希

発行者―――下中順平

発行所―――株式会社平凡社

〒101-0051 東京都千代田区神田神保町3-29

電話 (03) 3230-6573［営業］

ホームページ https://www.heibonsha.co.jp/

印刷・製本―株式会社東京印書館

装幀――――菊地信義

ISBN978-4-582-86077-1